Testi e studi di letteratura italiana

11

La collana "Testi e studi di letteratura italiana" ospita opere che interessano il periodo storico compreso fra la metà del Settecento e i giorni nostri. Si articola in due serie, una di "testi" e una di "studi", contraddistinte dalla fascia di copertina rispettivamente rossa e azzurra. La sezione "testi" è destinata principalmente ad autori minori, a opere minori di autori celebri e a generi semiletterari come raccolte di articoli, diari e carteggi. La sezione "studi" è destinata a monografie, raccolte di saggi, atti di convegni e inventari di archivi e di biblioteche d'autore. La collana si rivolge a un pubblico di studiosi e di docenti e studenti universitari.

I volumi sono sottoposti a duplice referaggio anonimo.

Monica Venturini

L'unità discontinua.
Poesia e identità nazionale nel Novecento

Morlacchi Editore *U.P.*

Prima edizione: 2016

Impaginazione e redazione: Claudio Brancaleoni
Copertina: Jessica Cardaioli

ISBN/EAN: 978-88-6074-741-9

 Finito di stampare nel mese di gennaio 2016 presso la tipografia "Digital Print - Service", Segrate (MI).
Mail to: redazione@morlacchilibri.com | www.morlacchilibri.com

Indice

Parte III

La Patria?

Prefazione

Il patriottismo è una virtù? Se lo chiedeva, nel 1984, uno dei maggiori filosofi morali viventi, lo scozzese Alasdair MacIntyre, per il quale era finalmente giunto il momento di riscoprire il valore dell'appartenenza a una comunità in polemica contro gli astratti valori della tradizione liberale.

Nei trent'anni successivi naturalmente i filosofi non sono approdati a una posizione concorde in materia; gli italianisti e gli storici italiani, invece, da qualche anno sembrerebbero averlo fatto, e rispondono sempre più spesso, e sempre con più convinzione, di sì (anche come antidoto a quella che per vent'anni è stata la propaganda secessionista della Lega Nord). Il patriottismo è una virtù civile, dunque; meno certo, però, è che sia anche una virtù letteraria, se non altro perché dimostrare un grande attaccamento al tricolore non è (non è mai stato) una garanzia che si è in grado di scrivere dei buoni endecasillabi.

Il binomio patria-letteratura, valido per ogni storia nazionale, possiede indubbiamente una rilevanza addirittura maggiore nel caso dell'Italia, dal momento che l'unità politica del paese si è compiuta circa cinquecentocinquanta anni dopo che aveva cominciato a prendere forma un canone linguistico e poetico comune a gran parte della penisola. Spesso senza nemmeno che gli scrittori se ne rendessero conto, per circa mezzo millennio, l'appartenenza a una tradizione comune ha dato un contributo essenziale a costruire uno speciale senso di comunità in assenza di uno stato unitario. Una vera e propria funzione vicaria, come negli ultimi anni gli studiosi non hanno mancato di sottolineare, anche sulla scia delle celebrazioni per i centocinquant'anni del 1861.

Meno esplorato è rimasto il ruolo della musa patriottica (e patriottarda) nell'Italia unita. Una volta compiuto il processo risorgimentale, è ovvio, il senso del patriottismo in versi non può più essere lo stesso. Fatta l'Italia, la poesia potrà contribuire almeno a fare gli italiani? O le basterà abbandonare le note malinconiche dell'elegia per l'inno, facendosi strumento di lode del presente, con tutti i rischi di trasformarsi in marcia militare che simili slittamenti comportano sempre?

Rispetto ai numerosi studi che negli ultimi anni hanno cercato di fare il punto sulla coppia patria-letteratura, il libro di Monica Venturini sposta il baricentro dalla prosa alla poesia, ma soprattutto prolunga il discorso verso un Novecento che non ha intrattenuto un rapporto semplice con il concetto di patria. Dal nostro tempo appare anzi ormai piuttosto chiaramente che il XX secolo è stato diviso in due metà quasi simmetriche, in cui si è passati di colpo dall'imperativo di cantare l'Italia all'imperativo negativo opposto, quando la stessa parola "patria" per parecchi decenni è sembrata impronunciabile nel discorso pubblico, prudentemente sostituita dal più modesto, rassicurante e soprattutto non aggressivo "paese".

Al "poeta vate" si è sostituito nel secondo Novecento un poeta nuovamente dolente, spesso deluso e amareggiato, contestatore dell'attualità ma spesso, al contrario dei suoi predecessori risorgimentali, anche incapace di indicare una qualsiasi via d'uscita. E questo soprattutto dopo il 1989: quasi che crisi del paese e marginalità della poesia, e più in generale della letteratura, facessero parte di un unico processo. La trasformazione delle retoriche del dissenso di cui parla acutamente Venturini («dalla negazione che in realtà afferma – una litote fortemente polemica che scardina l'idea stessa di appartenenza ma non ne annulla il desiderio – ad una ossessiva attitudine all'interrogativo, alla domanda che, pur restando senza risposta, afferma la volontà incrollabile di capire») è forse l'emblema più perfetto di questa inedita solitudine del cittadino-poeta.

Come tutte le ricerche originali, il libro di Monica Venturini invita a porsi una serie di quesiti supplementari a partire dalle acquisizioni del suo libro: sui rapporti tra scomparsa della oratoria come genere letterario riconosciuto dopo il secondo conflitto mondiale e la difficoltà di fare poesia sulla patria, sul peso della tradizione marxista (tra "via italiana al socialismo" e internazionalismo), sulla "patria" separata dei fascisti e degli ex-repubblichini nella Italia democratica del dopoguerra (Marcello Gallian e Giampiero Neri), sulle grandi cesure del 1956 e del 1989, ecc.

Non è strano perché, come in questi casi è giusto che sia, *L'unità discontinua* è un libro che, nel fare storia letteraria del nostro recente passato, è innervato soprattutto da una autentica preoccupazione per il nostro presente, tra proiezione sovranazionale, nostalgie sovraniste, liquefazione delle identità e dei confini sotto la spinta di un Capitale senza più freni. Prima che il «bel paese là dove 'l sì suona» diventi definitivamente Eataly, vale la pena di farsi guidare da queste pagine nel malessere civile dei poeti italiani del XX secolo.

Gabriele Pedullà

Nota

Dei saggi qui riuniti, alcuni sono apparsi in rivista: *L'Italia "giovane e forte" del ventennio. Generi, temi e figure tra letteratura e giornalismo*, con alcune varianti rispetto alla versione qui proposta, con il titolo *I giovani nell'immaginario coloniale italiano. La forza ambigua di una nuova epoca* è uscito in «Scaffale Aperto. Rivista di italianistica», 5/2014, e *"La patria addormentata". Figure di un'identità incerta nella poesia italiana contemporanea* in «Oblio. Osservatorio Bibliografico della Letteratura Italiana Otto-novecentesca», anno V, n. 18/19, autunno 2015. Altri nascono come interventi in convegni: *Modalità di rappresentazione del sentimento nazionale all'inizio del Novecento* con il titolo *L'Italia poetica nel primo Novecento: modalità di rappresentazione del sentimento nazionale* è stato presentato al XIX Congresso di Studi dell'ADI *L'Italianistica oggi: ricerca e didattica* (Roma, 10-13 settembre 2015), mentre *Senza patria: nuove geografie letterarie* con alcune varianti e il titolo *L'Italia in versi: una geografia letteraria* è stato proposto al XVI Convegno internazionale di Studi (MOD), *Geografie della modernità letteraria*, tenutosi a Perugia dal 10 al 13 giugno 2015.
Vorrei ringraziare tutti coloro che con consigli, suggerimenti e spunti mi hanno aiutato a dar vita a questo volume: Simona Costa perché mi ha seguito e consigliato con un'attenzione di cui le sarò sempre grata; Gabriele Pedullà per la disponibilità con cui ha letto, tra i primi, il mio lavoro; Mario Graziano Parri per gli interessi letterari condivisi sulle pagine del «Caffè Michelangiolo». Un pensiero va a Biancamaria Frabotta, Jolanda Insana, Romano Luperini, Laura Barile con i quali ho condiviso un periodo importante della mia formazione. Un ringraziamento particolare alla mia famiglia che mi ha incoraggiato e soprattutto sopportato. Dedico questo libro ai miei figli perché le conclusioni, sebbene provvisorie, a cui questo percorso mi ha condotto non possono che appartenere a loro, al futuro.

M. V.

L'unità discontinua
Poesia e identità nazionale nel Novecento

A Bianca e Nicolò

Introduzione

L'Italia in versi: un racconto interrotto

> È ora di finirla: è ora di impiccare chi rovina il paese. – Non mi darò pace se non avrò fatto qualche cosa: e alla prima occasione farò.–
>
> (C. E. Gadda, *Giornale di guerra e di prigionia*)

Roman Jakobson definiva con un certo disprezzo le indagini tematiche «critica del cavallo», riferendosi alle infinite campionature care a certe analisi del passato. Poi, negli anni Novanta del Novecento, si è verificato quello che già il titolo di un'importante raccolta di saggi del critico tedesco-americano Werner Sollors indicava: *The Return of Thematic Criticism* (1993). Da qui si sono moltiplicate le esperienze che hanno tentato di conferire basi diverse, più salde, a questo tipo di approccio metodologico: si pensi alle ricerche di Francesco Orlando, Remo Ceserani, Romano Luperini, Mario Domenichelli, per citare solo alcuni nomi. Non a caso poi, soprattutto nel campo dei *cultural studies* e degli studi relativi all'identità nazionale, si sono creati veri e propri gruppi di lavoro intorno a temi e motivi specifici.

Il principale obiettivo di questo libro che, come è evidente, si avvale degli strumenti della critica tematica è quello di ripercorrere un'ampia parabola della poesia italiana del Novecento tramite l'analisi della costruzione identitaria che l'attraversa. Tramite, cioè, la costruzione di un immaginario che nei testi prende corpo e consistenza offrendo un percorso al confine tra storia e poesia, cultura e letteratura. Vengono evocate immagini, figure, stereotipi che hanno contribuito a creare quell'immaginario "nazionale", ancora oggi così fragile, allo scopo di far luce su un decisivo capitolo della nostra storia letteraria.

Il saggio si inserisce nella contemporanea riflessione sui rapporti tra letteratura e identità nazionale, particolarmente vivace nell'ultimo trentennio – fondamentali gli studi di Ezio Raimondi (1998), Amedeo Quondam (2001), Romano Luperini (2004) e, più recentemente di Stefano Jossa (2006) e di Matteo Di Gesù (2005) – che sembra, però, aver relegato la poesia, in particolar modo quella del secondo Novecento, ad un ruolo marginale.

Il punto di partenza di tale riflessione si potrebbe racchiudere in una domanda: «Ha senso oggi, negli anni dell'Europa unita e della globalizzazione culturale ed economica parlare di identità nazionale e assumere proprio tale paradigma come chiave di lettura di un secolo sul versante culturale oltre che poetico?». La questione, già in parte trattata in alcune tra le pubblicazioni più interessanti sul tema, sarà affrontata in cerca di una sistemazione teorica e di un disegno d'insieme che possa giustificare tale proposta critica. Come sostiene Jossa, l'identità nazionale in una prospettiva letteraria è da intendersi quale "formazione discorsiva" e dialogo ininterrotto tra passato, presente e futuro. Non si tratta di individuare un paradigma, ma di elaborare una riflessione a partire dagli autori e dai testi poetici selezionati.

La prima sezione del volume, *Il mito debole*, è dedicata alla prima metà del Novecento. Si parte da autori come Oriani e Corradini, per ricostruire la nascita della retorica nazionalista, o meglio dei "nazionalismi" che, insieme al senso mai sopito di un'imminente *revanche*, conseguente alle sconfitte di Dogali e Adua, fanno da scenario a questa pagina della nostra storia letteraria. Importante, su questo terreno, è ovviamente la presenza e la persistenza del modello dannunziano in alcune esperienze poetiche di questi anni – dai crepuscolari ai vociani ai futuristi –, in una serie di continuità e rotture. Alcuni sondaggi nei testi di poetesse di quegli stessi anni – Annie Vivanti, Ada Negri, e Amalia Guglielminetti – hanno quindi permesso un'analisi di genere del tema nazionale con la ricostruzione del panorama composito ed estremamente eterogeneo che connota gli anni precedenti alla Grande Guerra. L'impresa di Libia e poi, in maniera ancora più decisiva, la prima guerra mondiale sono, a tal riguardo, tappe storiche fondamentali, "spartiacque" nel cuore del secolo, responsabili di cambiamenti di breve e lunga durata, in parte ancora in atto. Allo stesso modo, la nascita e l'affermarsi del fascismo determineranno trasformazioni profonde nell'immaginario culturale e letterario di un'intera generazione: l'idea stessa di nazione diviene in questi anni una delle assi portanti della propaganda fascista e un concetto-chiave di molte esperienze che riguardano diversi generi letterari e settori della vita culturale. L'affermarsi poi di nuovi modelli poetici – da Saba ad Ungaretti – decreterà un nuovo modo di intendere e rappresentare il paese.

Nella parte successiva, *L'identità spezzata*, dedicata al secondo Novecento, si ripercorre il processo che porterà alla crisi delle certezze e al disgregarsi definitivo di una unità già molto fragile. Le *nuove geografie letterarie* individuano quel filone della poesia civile italiana nel cui ambito si colloca la riflessione sul nuovo volto dell'Italia dopo la seconda guerra mondiale. Emergono nuove modalità di raffigurare non solo l'appartenenza, ma anche la non appartenenza ad un contesto storico-politico in veloce divenire che costringe continuamente alla ricerca di nuovi linguaggi: dal Montale de *La Bufera e altro*, di *Satura* e delle ultime raccolte al Sereni de *Gli strumenti umani*, da *Nel magma* di Luzi a *La ragazza Carla* di Pagliarani, da Fortini a Volponi, al Caproni di *Res Amissa*.

Spazio a parte è dedicato al Pasolini poeta e alle riflessioni da lui condotte negli anni quaranta e cinquanta (dai testi in friulano di *Dov'è la mia patria* a quelli che confluiranno ne *L'Usignolo della Chiesa Cattolica* a *Le ceneri di Gramsci*, ad altri tratti da *La Religione del mio tempo* e da *Poesia in forma di rosa*; ma anche i saggi di *Passione e ideologia*), per focalizzare la funzione di denuncia che ancora qui detiene la letteratura e la centralità del modello pasoliniano per la poesia e la letteratura del secondo Novecento.

Il passo successivo riguarda gli anni Sessanta e Settanta: lo sperimentalismo, i Novissimi, il confronto con il modello pasoliniano fino ad alcune esperienze più recenti.

La Patria?, sezione volutamente aperta e provvisoria nelle sue conclusioni, è dedicata ad alcune delle esperienze poetiche contemporanee più significative nelle quali si possono individuare nuove tappe di tale riflessione, dalla svolta della poesia negli anni Settanta al presente, con particolare attenzione ad alcune recenti novità del panorama poetico italiano che sono analizzate nell'ultimo capitolo, *"La patria addormentata". Figure di un'identità incerta nella poesia italiana contemporanea*.

Ne emerge un quadro complesso, ma anche estremamente concreto perché basato sui testi, un'ampia riflessione che coniuga il criterio tematico e quello cronologico così da offrire uno strumento per attraversare la storia e la poesia del Novecento.

Nonostante gli studi prima citati e i risultati critici da questi raggiunti, sembra, infatti, evidente una certa difficoltà a tematizzare e a sviluppare la questione per il Novecento e, ancor di più, per il secondo Novecento. Sembrerebbe infatti che dopo la generazione dei vociani e dei futuristi non si rifletta più nei testi su una delle questioni al centro degli interessi delle generazioni romantico-risorgimentali e post-unitarie, da Carducci, Verga, Pirandello e d'Annunzio. Gli anni tra la fine della prima guerra mondiale e l'avvento del fascismo rappresentano la soglia oltre la quale la ricerca critica non si è avventurata. La generazione di intellettuali che ancora si confronta con i maestri della tradizione risorgimentale (Mazzini, De Sanctis, Croce e Gentile) sono nati fra il 1880 e il 1895: si pensi ad autori come Ungaretti, Saba, Gadda. Ungaretti, in particolare, può essere visto come punto d'avvio di una parabola che si concluderà su sponde opposte. Si definisce, infatti, dagli anni Trenta in poi la mancanza di un vero e proprio orizzonte nazionale e la graduale affermazione di un'alternativa popolare: si pensi alla poesia dialettale e alle esperienze fortemente radicate nelle differenti realtà territoriali. Dopo la seconda guerra mondiale, l'identificazione dell'Italia con la sua cultura sarà importante per il rifiuto dell'idea di patria diffusa dal fascismo ma, allo stesso tempo, si verificherà una rottura insanabile nei processi di auto-rappresentazione del Paese: la poesia accoglie il senso di sconfitta di un'intera generazione e ne lascia emergere le diverse declinazioni. L'identità nazionale si spezza e si trasforma in una pluri-identità, fatta di molteplici sfumature, conservando però un sostrato comune in grado di "unire" fra loro esperienze anche molto distanti. E proprio in tale "unità discontinua" risiede il senso di questa ricerca: la volontà di individuare cioè modalità, figure e costanti di un discorso che attraversa la poesia italiana novecentesca fino ad esperienze della nostra contemporaneità.

Parte I

Il mito debole

Modalità di rappresentazione del sentimento nazionale all'inizio del Novecento

Ciò che legittima e sostanzia l'interpretazione che qui si propone potrebbe essere racchiuso in due punti essenziali: innanzitutto la declinazione fortemente civile della scrittura letteraria nel passaggio tra Otto e Novecento e, in seconda istanza, la presenza e la ricorrenza del tema identitario nei testi poetici quale formazione discorsiva "plurisignificante", in grado di attraversare esperienze diverse, a volte distanti fra loro, unite però da un comune obiettivo, quello di costruire un Paese, a partire dalla pagina, e da un'idea che è prima di tutto letteraria. Come ben sottolinea a questo proposito Stefano Jossa[1], autore del recente *L'Italia letteraria*, se la letteratura non imita la realtà, è certo però che la trasformi e la traduca in discorso, in un racconto che diventa inevitabilmente condiviso, collettivo e parte di una tradizione da conservare e tramandare.

A inizio Novecento, la parola poetica, così come il ruolo intellettuale, ancora conserva la sua funzione di intervento nella *societas*, nonostante domini il senso di radicali trasformazioni politico-sociali che muteranno il volto del Paese: un'Italia unita da un trentennio, ma lacerata da divisioni interne, governi inadeguati e un'immagine di sé nello scacchiere internazionale sempre un passo indietro rispetto alle altre potenze europee.

1. Cfr. S. Jossa, *L'Italia letteraria*, Il Mulino, Bologna 2006.

Proprio per questo, è possibile affermare che l'avventura coloniale italiana in Africa[2] – dal 1882 in Eritrea, dal 1889 in Somalia, dal 1911 in Libia e dal 1935 in Etiopia, mai oltre il 1943 – abbia contribuito in maniera decisiva all'intento di "dare un passato" comune al Paese, aprendo un capitolo della storia nazionale unitaria che, per quanto controverso e pieno di lati in ombra, ne costituisce uno snodo cruciale. Di fronte alla fragilità di un paese unito solo sulla carta, si tentano molteplici strategie politico-culturali per realizzare un progetto insito nella storia italiana, ma ancora lungi dall'essere pienamente espresso:

> Per l'Italia unita la pagina dell'espansione coloniale durò solo circa sessant'anni. Rispetto alla durata plurisecolare e all'estensione su più continenti degli imperi coloniali di altre potenze europee [...] in Italia la conquista di un "impero" africano, il sogno e la realtà della costruzione di un "oltremare" caratterizzarono un periodo assai breve. [...]. Eppure quel sessantennio coloniale trascinò molti italiani e molte italiane ad eccezionali passioni, ad entusiasmi patriottici, a sogni di fortuna[3].

L'idea di nazione diffusa tra fine Ottocento e inizio Novecento deve necessariamente "fare i conti" con un passato non ancora condiviso e una situazione sociale e culturale estremamente eterogenea, sia dal punto di vista geografico, sia da quello più specificamente letterario. Modelli e influssi si intrecciano e complicano la visione d'insieme, anche se alcuni riferimenti sono facilmente individuabili, a partire dalla prospettiva desanctisiana decisamente dominante nei primi anni del Novecento:

2. Rinvio al mio volume *Controcànone. Per una cartografia della letteratura coloniale e postcoloniale italiana*, Aracne, Roma 2010 e alla recente antologia M. Venturini (a cura di), *Fuori campo. Letteratura e giornalismo nell'Italia coloniale 1920-1940*, prefazione di S. Costa, Morlacchi, Perugia 2013.

3. N. Labanca, *Oltremare. Storia dell'espansione coloniale italiana*, il Mulino, Bologna 2002, p. 8.

> Come si capisce, c'era in tutta la prospettiva desanctisiana l'eco potente del Romanticismo, con il suo accento sull'anima e sulla cultura dei popoli, sulle grandi personalità intellettuali chiamate a esprimere l'una e l'altra, E c'era forte, in misura almeno eguale, l'idea di nazione cresciuta nel clima romantico. L'idea, cioè, di derivazione herderiana, che la legittimazione ultima dello Stato nazionale poggiasse alla fine su null'altro che sul suo essere l'espressione politica di una precisa identità storico-culturale[4].

Amedeo Quondam individua, infatti, nel periodo che intercorre tra il 1861 e il 1911, una fase decisiva nella quale «il paradigma dell'epopea risorgimentale»[5] è profondamente rielaborato e adattato ai tempi nuovi:

> La costruzione di un comune e condiviso patrimonio di costumi e di tradizioni nazionali si è, infatti, scontrata subito con la frammentazione originaria della cultura e della società italiana, e si è trasformata in un perenne cantiere dove i lavori sono sempre in corso, irrisolti e irrisolvibili. [...] Tanti testi della letteratura italiana dell'Ottocento concorrono a profilare il senso generale di una storia, in quanto appartenenza e identità, ma soprattutto inaugurano quel mito dello scrittore "impegnato" (fattosi, intanto, intellettuale) destinato a connotare le cronache culturali e le loro polemiche, seppure con ritmi fortemente discontinui, fino a tutto il Novecento[6].

Agli inizi del Novecento, si aggiungono a tali fermenti culturali provenienti dalla tradizione alle spalle nuove suggestioni irrazionalistiche e profonde trasformazioni della figura

---

4. E. Galli Della Loggia, *Introduzione*, in Id. (a cura di), *Poesia civile e politica dell'Italia del Novecento*, Rizzoli, Milano 2011, p. 7-8.

5. A. Quondam, *Risorgimento a memoria. Le poesie degli italiani*, Donzelli, Roma 2011, p. XIX. Si veda anche A. Quondam e G. Rizzo (a cura di), *L'identità nazionale. Miti e paradigmi storiografici ottocenteschi*, Bulzoni, Roma 2005.

6. A. Quondam, *Introduzione*, in Id. (a cura di), *L'identità nazionale. Miti e paradigmi storiografici ottocenteschi*, cit., p. XI.

dell'intellettuale e dell'immaginario letterario *tout court* che modificheranno nel tempo un intero panorama.

Nel 1889, Oriani[7] – definito da Gramsci «il rappresentante più onesto e appassionato per la grandezza nazionale-popolare italiana fra gli intellettuali italiani»[8] della sua generazione – pubblica *Fino a Dogali*. Si tratta di sei saggi scritti fra il 1885 e il 1887 che si propongono come il primo abbozzo di una storia del Risorgimento poi elaborata in *La lotta politica in Italia* (1892), in evidente polemica sia con la storiografia erudita che con quella dai toni enfatici volta a esaltare la monarchia. Non sorprende che proprio don Giovanni Verità – colui che salvò Garibaldi nella sua fuga dopo la fine della Repubblica Romana – sia il protagonista del primo scritto. I saggi percorrono la storia italiana, offrendone un'interpretazione *sui generis* che si discosta vistosamente spesso anche dal modello desanctisiano, come nel caso del giudizio sul Rinascimento e su Machiavelli che De Sanctis indicava come guida nell'elaborazione di un'idea moderna di "patria" – «l'Italia nell'utopia dantesca è il giardino dell'impero; nell'utopia del Machiavelli è la patria, nazione autonoma e indipendente»[9] – mentre Oriani al contrario individuava in lui, più "artista" che patriota, vizi e difetti "tutti italiani" responsabili della mancata costituzione di una coscienza unitaria. Esponente di un nazionalismo che si potrebbe definire più emotivo che ideologico, Oriani si fa cantore dell'impresa italiana in Africa, vedendo nella presenza dell'Italia oltremare la possibilità di unire il Paese e renderlo al pari delle altre potenze europee: «L'Italia, risorta a nazio-

7. Cfr. M. Debenedetti, *Alfredo Oriani. Romanzi e teatro*, presentazione di D. Bolognesi e introduzione di M. Biondi, Il Ponte vecchio, Cesena 2008.

8. A. Gramsci, Quaderno 8 (XXVIII), 1931-32, ora in Id., *Quaderni del carcere*, vol. 1, edizione critica dell'Istituto Gramsci, a cura di V. Gerratana, Einaudi, Torino 1975, p. 1040.

9. Cfr. F. De Sanctis, *Storia della letteratura italiana*, Morano, Napoli 1870, p. 187.

ne, aveva ripreso il proprio posto d'avanguardia nella guerra immortale della civiltà contro la barbarie: Dogali era stata la prima conseguenza di Solferino»[10]. Luigi Federzoni, nella prefazione alla terza edizione di *Fino a Dogali*, così individua un filo diretto tra l'esperienza di Oriani, le idee mazziniane, le posizioni di Corradini e quell'ala del nazionalismo che poi sarà sfruttato a piene mani dalla retorica fascista:

> Ora non vi ha dubbio che, come i suoi tentativi di scoprire il segreto dell'avvenire tolsero sempre qualche lineamento ideologico dalle grandi apocalissi deduttive dell'ultimo Mazzini, anche nello sviluppo di quella critica al Risorgimento Alfredo Oriani risentì l'influenza affascinatrice della passione mazziniana. Ma è pur vero che quella critica non lo avvicinò tanto all'Apostolo dell'Italia rivoluzionaria quanto al Ministero della Nazione unificata [...]. Oriani non si ingannò sulle parziali deficienze di Crispi: i riferimenti confidenziali dei colloqui avuti nel 1892 con lo statista siciliano lo documentano nelle lettere alla sorella; ma egli sentì in quella formidabile tempra italiana una piena consonanza col suo spirito di veggente e di credente nei destini della Patria.
> Enrico Corradini lo ha rappresentato così nella *Guerra lontana*, sotto il nome di Lorenzo Orio, fantasma di rampogna e di speranza, al fianco dello statista, durante le giornate che si conchiusero ad Adua[11].

Certo è che con *La lotta politica in Italia* si è di fronte ad una vera e propria storia d'Italia dalla caduta dell'Impero d'Occidente al 1887, tutta proiettata però verso l'Ottocento che occupa sette dei nove libri in cui l'opera è divisa (*Il federalismo municipale*, *Gli stati*, *La democrazia moderna*, *Il Risorgimento*, *L'ultima rivoluzione federale*, *L'egemonia piemontese*, *La rivoluzione unitaria*, *Il*

10. A. Oriani, *La lotta politica in Italia*, [I ediz. 1892], a cura di P. Permoli, prefazione di G. Spadolini, Cappelli, Bologna 1969, edizione ridotta, p. 398.

11. L. Federzoni, *Prefazione*, in A. Oriani, *Fino a Dogali* in Id., *Opera omnia*, a cura di B. Mussolini, Cappelli, Bologna 1935, p. X.

regno d'Italia, *Il secondo periodo monarchico*): ne emerge un ampio e originale quadro della contemporaneità, sebbene costruito sul modello apertamente esibito della *Storia delle rivoluzioni d'Italia* (1858) di Giuseppe Ferrari. «Una storia scritta essenzialmente, come hanno notato acutamente Salvatorelli e Chabod, Spadolini, Maturi e Ghisalberti, con *animus* da politico, da uomo che nella sua tormentata esistenza non esitò a trascinarsi nell'agone politico»[12]. Non a caso un intellettuale antifascista come Piero Gobetti definì Oriani colui che, tra i nostri padri, è stato il solo ad insegnarci l'idea della storia, dimostrando il valore educativo di una precisa visione del Risorgimento, soprattutto per chi voglia comprendere la contemporaneità[13].

Negli scritti di Oriani si elabora una versione di quella "religione della patria" che aveva infervorato patrioti e intellettuali della generazione precedente, tanto che la sua pubblicistica storico-politica può dirsi elaborata nel segno dell'espansionismo: da *Fino a Dogali* agli scritti giornalistici a quell'appello scritto sul finire della sua esistenza così lucido e al tempo stesso appassionato, dove si traccia un profilo dell'Italia per certi versi lungimirante:

> "Bisognerebbe gettarlo sull'ali di una strofa o tacere".
> Ma dov'è dunque il poeta nazionale? Qualcuno da tempo insidia l'epopea garibaldina, estremo miracolo della modernità europea, e la degrada in piccole rapsodie di una prosaicità accorante, nelle quali il canto somiglia al volo dei tacchini, che radono pesantemente il suolo colle negre ali senza soffio di tempesta. [...] Il poeta nazionale, che la storia, nella impassibile severità del proprio giudizio dovrà diminuire nel Carducci, così al disotto di Mazzini o di Garibaldi, manca ancora in questo nuovo trionfo della terza Italia, che l'Europa deve già accettare

12. P. Permoli, *Premessa* a A. Oriani, *La lotta politica in Italia*, cit., p. 19.
13. Cfr. P. Gobetti, *Scritti politici*, a cura di P. Spriano, Einaudi, Torino 1969.

come una nazione grande fra le più grandi tutta fremente di una improvvisa ricchezza [...].
L'Italia resiste a tutti gli invasori, stanca tutte le tirannidi, svia tutte le correnti, trasforma tutti i padroni, seduce, crea in una originalità inesausta: dentro la religione che consola affermando suscita la scienza che rinnova colla tragedia del dubbio, è già municipale marinara, ha una giurisprudenza, un'arte, una politica, una diplomazia, corti in ogni castello, un parlamento in ogni borgo, un capitano in ogni venturiero, un re nel cittadino. È incredula e credente, serve il proprio clero e lo domina, si libera del misticismo colla bellezza dell'arte, ha tutti i vizii e tutte le passioni, tutte le abilità dell'esperienza e le infallibili intuizioni dell'ingenuità.
Senza l'Italia il medioevo europeo invece di un'aurora sarebbe stato una notte.
Poi nel millecinquecento, che gli storici di scuola credono ancora l'apogeo della nostra storia, mentre invece segna il supremo esaurimento della nostra lunga supremazia, l'Italia s'arresta o quasi. Spagna, Francia, Germania, Inghilterra si mettono successivamente all'avanguardia: l'Italia pare un'ancella, un'anticamera di altre corti, un oscuro magazzino di lontani padroni, e non è vero. Nel seicento è ancora la scienza italiana che domina, nel settecento la musica: generali, architetti, pittori, scultori formano le sue nuove ambascerie e affermano ancora la sua potenza: è serva e i padroni vi paiono poco più che ospiti, i suoi ultimi principi scemano giorno per giorno. Il suo papato è un mediocre principato interno, abile nel destreggiarsi colle grandi corti straniere, la sua aristocrazia non ha più che cortigiani, la sua incomparabile borghesia comunale è appena una clientela, il suo popolo un groviglio di corruzione e di barbarie.
Non importa: anche così l'Italia non può essere di nessuno: unica al mondo né la gloria del trionfo né la servitù della miseria, possono esaurirla.
[...] Dopo mezzo secolo: ecco Cavour e Vittorio Emanuele, Mazzini e Garibaldi che creano la terza Italia in una rivoluzione alla quale la massa sembra quasi assistere soltanto, ma così profonda, originale, che tutte le altre d'Europa e d'America non vi possono essere paragonate: e dopo un altro mezzo secolo ecco ancora l'Italia, più libera e più ricca che ai tempi di Augusto, e

che l'Europa rivolle perché dalla sua originalità attende qualche forma nuova di bellezza, qualche più feconda cooperazione ai problemi intercontinentali, che adesso preparano la vera unità della storia mondiale.
Il problema più vero, più tragico ed insieme più pratico è adesso per l'Italia quello di apparire e di essere la grande nazione latina. [...] Per l'Italia, per noi, più giovani, più nuovi ancora frementi della nostra rivoluzione creatrice e che demmo al mondo lo spettacolo più mirabile di rinnovamento materiale e morale degli ultimi trent'anni, miracolo al quale nemmeno possono paragonarsi i prodigi della ricchezza e del progresso americano ancora così vuoti di significato, il problema è unico: o affermarsi come il maggiore e il migliore dei nuovi popoli d'Europa, o arrestarsi e decadere consumando nell'inutilità di una effimera festa l'ultima energia rivoluzionaria dei nostri padri.
Avanti dunque nel senno di Cavour e nell'eroismo di Garibaldi: avanti col pensiero e coll'opera sui mari che attendono le nostre navi, sulle frontiere che aspettano la nostra vittoria.
Ma non bisogna promettere: il trionfo fu sempre di coloro che seppero prepararsi nel silenzio[14].

Mussolini, promotore di un nuovo interesse nei confronti dell'opera di Oriani e anche di una certa strumentalizzazione ideologica volta a fare dello scrittore la figura dell'intellettuale fascista *ante litteram*, nel paradigmatico discorso che tenne nel

14. A. Oriani, *L'Appello*, in Id., *Fuochi di bivacco*, prefazione di V. Morello, seconda edizione, Cappelli, Bologna 1927, pp. 407-413; l'articolo, scritto il 25 aprile 1909, e pubblicato per la prima volta su «La grande Italia», dopo essere stato inserito nella raccolta postuma *Fuochi di bivacco* (1913), è stato riprodotto anche nei «Quaderni del Cardello», n. 13 (2004), pp. 66-8. Si veda anche A. Oriani, *L'Impero ideale*, in Id., *Fuochi di bivacco,* cit., p. 137: «Dante appare quindi l'imperatore ideale d'Italia, il poeta della sua anima, il profeta della sua resurrezione. [...] Nella lunga umiliazione della servitù nazionale egli era sempre il vittorioso, che i vincitori non potevano abbassare: nelle prime ore della nuova speranza fu la fede, e quando l'Italia si levò al grido di Mazzini, alla parola di Vittorio Emanuele, al lampo della spada di Garibaldi, affidandosi alla mano di Cavour, era ancora il pensiero di Dante, il suo sogno di un'Italia grande sul mondo, che riappariva nelle menti di tutti e trionfava nel sacrificio degli eroi». Si veda anche *Verità nazionale* in Id., *Fuochi di bivacco,* cit. pp. 401-406 sulla questione dell'italianità di Trieste.

1924 sulla tomba dello scrittore, giunse a definirlo «il sognatore dell'impero, l'esaltatore dell'Italia, lo spirito rigeneratore della razza»[15].

Il panorama così composito e in divenire di inizio Novecento è poi segnato, come è noto, dalla nascita e dalla diffusione di riviste che avranno un ruolo centrale nella elaborazione culturale di nuovi modelli e nella trasformazione dei ruoli della scena culturale. L'anno della sconfitta di Adua, il 1896, viene fondato a Firenze «Il Marzocco», prima rivista ad attuare un approfondimento della vocazione nazionale dell'impegno artistico; dal 1903 iniziano le pubblicazioni «Il Leonardo», diretto da Giovanni Papini e Giuseppe Prezzolini, ed «Il Regno», diretto da Enrico Corradini. È necessario, in questo contesto, limitare il discorso all'importanza che queste riviste avranno nella volontà di collegamento tra politica e arte, giornalismo e letteratura, con l'elaborazione di un'idea di Patria, certo non univoca, ma divenuta a tutti gli effetti "stato". Segue da parte di Prezzolini la fondazione nel 1908 de «La Voce», che con una pluralità vastissima di posizioni e interventi testimonia la delusione civile di molti intellettuali, sulla base di un senso della cultura italiana declinata in termini decisamente nazionali.

15. B. Mussolini, *Alfredo Oriani*, «Il Popolo d'Italia», 29 aprile 1924. Si veda anche l'articolo di Mussolini: *Blocco latino. Italia e Francia*, «Il Popolo d'Italia», 3 dicembre 1918, dove si afferma: «La vecchia generazione che si compiaceva nella politica del "piede di casa", che quasi ci godeva ad esibire agli stranieri una Italiuzza discreta, modesta, senza pretese, che si contentava di far l'albergatrice; questa generazione che fu flagellata da Carducci è morta. Gli uomini della mia generazione, anche quando si professano universalisti, socialisti, internazionalisti, sono dei "nazionalisti" nel senso migliore della parola. Noi – parlo di quelli che stanno fra i venti e i trent'anni – siamo degli esasperati di italianità. Noi sentiamo nelle nostre vene, in ciò che in noi c'è di più intimo, il dinamismo dell'Italia. Lavoriamo per un'Italia più grande dentro e oltre i confini. È la guerra che ha rivelato noi a noi stessi... Questo è il "dato" dell'anima italiana».

Il nazionalismo, anzi "i nazionalismi" che in questa fase vengono elaborati da più parti, "cavalcano" i fermenti di inizio secolo insieme al senso persistente di una continua e fallita *revanche* affermatosi in Italia dopo le sconfitte di Dogali e Adua, fino all'azione programmatica di Enrico Corradini e di altri intellettuali – *in primis* Luigi Federzoni, Vincenzo Picardi e Gualtiero Castellini – che daranno vita al movimento nazionalista, a partire da alcuni essenziali assunti: la presa di posizione antitriplicista in occasione della crisi bosniaca del 1908; la sollevazione della questione di Tripoli, e con essa la maturazione delle condizioni che avrebbero portato nel 1911 alla guerra italo-turca; il mito dell'irredentismo, sino all'intervento italiano nella prima guerra mondiale, in una prospettiva di chiara matrice risorgimentale che avrebbe portato a guardare al conflitto come alla "quarta guerra d'indipendenza". Nel 1910 nasce l'Associazione nazionalista italiana; l'anno successivo Federzoni ne fonda l'organo ufficiale, «L'Idea Nazionale»: chi meglio di Oriani, scomparso appena due anni prima, poteva essere il padre putativo del nascente movimento? Oriani, prima dai nazionalisti e poi dai fascisti, sarà l'uomo da indicare come autore della patria a tutti gli effetti con tutte le storture interpretative che questo inevitabilmente implicò. La rappresentazione del Paese conosce qui un momento di svolta, perché si vuole a tutti costi, quasi con la forza, creare una nuova tradizione, che tenga stretti i destini non solo letterari di Otto e Novecento e ne rappresenti la narrazione che avrebbe potuto unire una realtà politico-culturale ancora profondamente disgregata. A questo scopo, il nazionalismo venne presentato da molti schieramenti politici come l'erede, legittimo o meno, del Risorgimento[16]. Nel 1907 Croce scriveva nel saggio *Di un carattere della più recente letteratura italiana* di una condizione di spirito mutata dal 1885-90 in poi[17] e, cosa che sarebbe rimasta salda nelle pagine della *Storia d'Italia*, riconosceva nel momento storico il fondamento irrazionalistico e la derivazione positivistica del nazionalismo all'inizio del secolo[18]. Dall'irredentismo di Scipio Sighele agli scritti di Gualtiero Castellini a quelli di Corradini[19] pubblicati nei primi anni del Novecento su testate come «Marzocco», «Il Regno», «Idea nazionale», «Giornale d'Italia», si elaborano le anime del nazionalismo italiano e di una retorica "mitica" che trova in d'Annunzio il suo massimo cantore:

> Col nazionalismo veniva impetuosamente a galla e prendeva inusitato vigore tutto un filone della cultura nazionale dell'Ottocento, classicheggiante e accademica, per il quale il patriottismo più che un dato di fatto era una "specialità oratoria… una quali-

16. Cfr. F. Gaeta, *Il nazionalismo italiano*, [I ediz. 1965], Laterza, Roma-Bari 1981. Non tutti furono, però, d'accordo con tale interpretazione. Boine, ad esempio, nel carteggio con gli amici del «Rinnovamento» sostiene il contrario: si veda F. Contorbia, *Renato Serra, Giovanni Boine e il nazionalismo italiano* in AA. VV., *La cultura italiana tra '800 e '900 e le origini del nazionalismo*, Olschki, Firenze 1981, pp. 189-231. Nota è anche la posizione antinazionalistica di Prezzolini che il 23 giugno 1910 scrive il famoso intervento dal titolo *Che fare?* su «La Voce». E lo stesso Renato Serra scrive in anni successivi a proposito dei nazionalisti su «Il Cittadino» il 24 maggio 1914, p. 1: «Questo gruppo di giovani, che si annunziarono, in mezzo alla nostra bassezza politica, banditori delle supreme ragioni ideali, dei diritti e anzi dei doveri puri dell'esistenza nazionale, dimenticata troppo dall'utilitarismo dei partiti, e che pareva avessero anche nell'incertezza di alcune posizioni un po' sommarie qualche cosa di generoso e disinteressato, hanno sentito in verità un po' troppo presto e troppo forte l'efficacia della fortuna benigna che li ha accompagnati in qualche conferenza e in qualche campagna elettorale». Cfr. *Giornalismo italiano*, a cura di F. Contorbia, vol. II, 1901-1939, Mondadori, Milano 2007.

17. L'articolo compare per la prima volta in «Critica», V, 1907, pp. 177-90 e viene parzialmente anticipato in «Giornale d'Italia», 17 maggio 1907.

18. Cfr. F. Gaeta, *Il nazionalismo italiano*, cit.

19. Cfr. E. Corradini, *Scritti e Discorsi 1901-1914,* a cura di L. Strappini, Einaudi, Torino 1980. Si veda C.A. Madrignani, *L'opera narrativa di Enrico Corradini* in AA. VV., *La cultura italiana tra '800 e '900 e le origini del nazionalismo*, cit., pp. 235-252.

> fica professionale, per così dire": ed era proprio questa la caratteristica d'un Federzoni e in larga parte (più di quanto Gramsci non credesse) dello stesso Corradini. Se il nazionalismo aveva celebrato il suo primo saturnale al tempo dell'impresa libica, era stato in buona parte proprio per questo, e la sua presa su più o meno larghi strati d'opinione non poteva essere dissociata da questo elemento retorico, che poi, nel ventennio fascista (ma i segni si rilevano anche prima), si sarebbe dilatato a dismisura penetrando nella scuola, nelle arti figurative, nello stesso gergo paramilitare[20].

Si verifica una profonda trasformazione che passa attraverso diversi linguaggi e modalità rappresentative della nazione – dall'enfasi retorica alla costruzione di miti nazional-popolari che si diffondono in questi anni e ritornano poi nel ventennio amplificati e piegati alla propaganda, dai temi della romanità ad un'attenzione a questioni come l'emigrazione e il colonialismo, tutti aspetti già presenti nelle opere di Pascoli e d'Annunzio – che costringeranno ad una revisione continua sul duplice versante, sia della tradizione sia della contemporaneità, alla ricerca di nuovi paradigmi in grado di costruire il discorso nazionale. Corradini nella prefazione alla raccolta dei suoi *Discorsi politici* del 1923, ripercorrendo le tappe del suo percorso politico, indica nella sconfitta di Adua la sua conversione alla "fede della Patria", conversione che lo porterà a scrivere i due romanzi nazionalisti del 1910 e del 1911, *La Patria lontana* e *La guerra lontana*, dove si rielabora il concetto risorgimentale di patria tramite il moderno concetto di nazione, in nome di una teoria politica che inevitabilmente soppianta il discorso letterario. Il nesso tra letteratura e politica si fa, a questo punto, estremamente saldo e resistente agli attacchi provenienti dai diversi protagonisti della scena nazionale; è indubbio che

20. F. Gaeta, *Il nazionalismo italiano*, cit., p. 39.

d'Annunzio e solo d'Annunzio, più dei nazionalisti della prima ora, più di Oriani e dello stesso Corradini, uomo politico prima che di lettere, saprà incarnare ed esprimere a pieno questo intreccio tra oratoria politica e canto poetico, tra cultura, ideologia e poesia.

Ripercorrere l'intera produzione poetica dannunziana in cerca di rappresentazioni dell'Italia sarebbe impresa troppo lunga e forse poco determinante ai fini dell'analisi qui proposta. Il modello dannunziano – più incisivo nel Novecento rispetto ai lasciti di quello carducciano e alle influenze di quello pascoliano – tra otto e novecento va velocemente ad affermarsi come termine di confronto necessario; benché la poesia dannunziana affronti i temi più diversi, è indubbio che ci sia in essa una grande e fastosa rappresentazione del paese che accoglie in sé le luci, i toni, le sfumature più disparate: fin dal *Canto del sole,* in *Canto novo* (1881), dove nel contesto di un paesaggio marino segnato dalle forme di una continua metamorfosi rifulgono gli stessi versi – «O Mare, o gloria, forza d'Italia»[21] – poi citati in apertura delle successive *Odi navali* (1892-1893), nelle quali si riprendono instancabilmente stilemi della tradizione risorgimentale in infinite varianti, la Patria è figura ambigua, materna e divina, piena di «speranze alate» e «liberatrice»[22], ma anche debole e bisognosa di preghiere («Dio protegga l'Italia! [...] Dio protegga la Patria»)[23].

Nelle *Laudi* la raffigurazione dell'Italia trova un'ulteriore elaborazione e acquista una connotazione più articolata, sep-

21. G. D'ANNUNZIO, *Canto del sole*, I, 1, v. 17, in Id., *Canto novo*, in Id., *Versi d'amore e di gloria*, [I ediz. 1982], a cura di A. Andreoli e N. Lorenzini, introduzione di L. Anceschi, Mondadori, Milano 2006, p. 138.

22. Si veda *Per la festa navale nelle acque di Genova*, in G. D'ANNUNZIO, *Odi navali*, in Id., *Versi d'amore e di gloria*, cit., p. 712.

23. G. D'ANNUNZIO, *Per la morte dell'ammiraglio di Saint-Bon*, in Id., *Odi navali*, in Id., *Versi d'amore e di gloria*, cit., p. 718.

pure sempre a partire dal continuo ed insistito richiamo alla tradizione: in *Elettra* si celebrano gli eroi della patria e dell'arte, dai fratelli Bronzetti a Giuseppe Verdi. Il riferimento a Dante[24], "profeta in esiglio" e padre della nazione, in linea con i modelli passati, è presente qui con toni che si fanno profetici, quasi a voler riportare nei versi anche qualcosa dello stile dantesco: si pensi al testo intitolato *A Dante* – titolo che non a caso si trova anche nelle *Rime Nuove* del Carducci – in *Elettra* («Tu la vedesti col tuo profetico onniveggente occhio infiammato / l'Italia bella, come una figura emersa dall'interno / abisso del tuo dolore, creata dalla tua stessa fiamma, / con i suoi monti, / con i suoi piani, con i suoi fiumi, con i suoi laghi, / con i suoi golfi, con le sue città ruggenti d'ire, / l'Italia bella; / e la tua rampogna la rifece sacra, la tua preghiera / fece risplendere di purità le sue membra schiave; / sì che sempre gli uomini vedran su lei bella il duplice splendore / del cielo e del tuo verbo»[25]). Così in molti altri componimenti si trovano le tracce evidenti di un ampio disegno nel quale l'Italia si staglia protagonista di una fitta elaborazione poetica che non può

24. Cfr. S. Costa, *D'Annunzio e Dante*, in Ead., *D'Annunzio funambolo del moderno*, Gutenberg, Povegliano (Verona) 1991: «Il prisma-Dante offre, dunque, più direzioni d'accesso alla fagocitante capacità assimilativa di d'Annunzio, uso a coniugare i due nomi, il proprio e quello di Dante, quali poli estremi e punte di iceberg di una secolare tradizione poetica da loro innovata e rivoluzionata. "La poesia italiana comincia con duecento versi di Dante e – dopo lungo intervallo – continua in me", annotava tra le sue carte l'ormai appartato vate del Vittoriale, in vena di auto risarcimenti magniloquenti alla sua dorata solitudine», p. 23.

25. G. d'Annunzio, *A Dante*, in Id., *Elettra*, in Id., *Versi d'amore e di gloria,* cit., vv. 89-99, pp. 259-260. Si vedano i vv. 78-80: «e tu rimani alzato nel conspetto della nazione / con la tua parola eterna nella tua bocca respirante, / col tuo potere eterno nel tuo pugno vivo». L'ode appare per la prima volta sulla «Nuova Antologia» il 16 gennaio 1900 col titolo *La Laude di Dante* ed è legata alla conferenza dantesca pronunciata a Firenze l'8 gennaio 1900 a commentario dell'ottavo canto dell'*Inferno*. Interessante notare che nel manoscritto al posto del sintagma "l'Italia bella" troviamo "la nostra terra": cfr. *Note*, in G. d'Annunzio, *Versi d'amore e di gloria*, cit., p. 1024.

non essere anche ideologico-politica. L'enfasi e il forte citazionismo si coniugano con una *vis* più apertamente polemica in *Al Re giovine* («E dicemmo: "O Italia, / Italia sonnolente, / alfine ti svegli / tu dal tuo sonno vile? / Ahi sì lungamente / sotto il sole giaciuta / con l'obbrobrio senile, / tra le mani dei vegli / scaltri che t'han polluta, / che di te han fatto strame / docile all'ignavia loro / e d'ogni tuo nobile alloro / una verga per batter la fame, / non senti l'odor della morte? / Oh nuova sul Mare!"»[26]) e trovano accenti di risentito patriottismo in *A uno dei Mille* («La terza Italia si distende sotto / ogni bertone come una bagascia. / E Roma all'ombra delle querci sacre / pascola i porci»[27]) e nella lunga rapsodia garibaldina *La notte di Caprera*; e in particolare nel testo scritto in omaggio a Giuseppe Verdi, *Per la morte di Giuseppe Verdi*: «La melodìa suprema della Patria / in un immenso coro / di popoli salì verso il defunto. / Infinita, dal Brènnero al Peloro / e dal Cìmino al Catria, / accompagnò nei cieli il figlio assunto. / E colui, che congiunto / in terra avea con la virtù de' suoni / tutti gli spirti per la santa guerra, / pur li congiunse in terra / col suo silenzio funerale e proni / li fece innanzi ai troni / ed ai vetusti altari / ove l'Italia fu regina e iddia. Canzon, per i tre mari vola dal cuor che spera e non oblìa!»[28]. Non può non essere qui citato anche il *Canto augurale per la nazione eletta*, lirica che, in chiusa di *Elettra*, rappresenta uno dei testi tipici della retorica profetica del d'Annunzio civile[29], con l'accorato appello all'Italia in cui risuonano riconoscibili echi carducciani e, ancor

26. G. d'Annunzio, *Al re giovine*, in Id., *Elettra*, in Id., *Versi d'amore e di gloria*, cit., vv.136-150, p. 265.

27. G. d'Annunzio, *A uno dei Mille*, in Id., *Elettra*, in Id., *Versi d'amore e di gloria*, cit., vv. 61-64, p. 287.

28. G. d'Annunzio, *Per la morte di Giuseppe Verdi*, in Id., *Elettra*, in Id., *Versi d'amore e di gloria*, cit., vv. 33-48, p. 323.

29. Cfr. *Note*, in G. d'Annunzio, *Versi d'amore e di gloria*, cit., p. 1142.

prima, alfieriani: «Italia, Italia, / sacra alla nuova Aurora / con l'aratro e la prora!»[30].

Fin dal 1903, anno decisivo per la poesia italiana, che vede la pubblicazione non solo dei primi tre libri delle *Laudi,* ma anche dei *Canti di Castelvecchio* di Pascoli[31] – l'anno successivo saranno pubblicati i *Primi Poemetti* dove si trova *Italy*, nel 1906 usciranno le poesie civili pascoliane dedicate "Alla giovine Italia", *Odi ed inni*[32] e nel 1909 i *Nuovi Poemetti* dove è raccolta *Pietole* – ha inizio una fitta azione di resistenza al modello civile dannunziano: proprio a partire dalle infinite figurazioni dell'Italia presenti nella poesia dannunziana si tenta un rovesciamento, in certi casi parodico, in altri più apertamente polemico, delle modalità e soprattutto dell'enfasi nazionalistica contenuta nei versi del Vate.

Matura, dapprima tra i crepuscolari, il segno di tale rottura che è, innanzitutto, decisa presa di distanza dall'idea di una tradizione non condivisa: da Gozzano – si pensi ai versi di *Pioggia d'agosto*[33] o a quelli di *Dante*[34] o de *La bella preda* – a Pa-

30. G. d'Annunzio, *Canto augurale per la nazione eletta*, in Id., *Elettra* in Id., *Versi d'amore e di gloria*, cit., vv. 1-3, p. 407.

31. Sulla produzione nazionalistica di Pascoli si veda M. Lucarelli, *L'Italia come "grande Proletaria": sul nazionalismo pascoliano*, in R. Luperini e D. Brogi (a cura di), *Letteratura e identità nazionale nel Novecento,* Manni, Lecce 2004, pp. 35-53.

32. Di questi anni sono alcuni dei testi centrali del nazionalismo pascoliano da *Le Canzoni di Re Enzio*, i *Poemi del Risorgimento*, *l'Inno a Roma* e *l'Inno a Torino* che si ricollegano alla retorica risorgimentale tramite il modello carducciano. In *Odi ed inni* ben quattro componimenti sono dedicati alla disfatta di Adua: le odi *La sfogliatura*, *Convito d'ombre*, *A Ciapin*, e l'inno *Alle batterie siciliane.* Si vedano anche i discorsi raccolti in *Patria e Umanità,* in particolare l'idea di "socialismo patriottico".

33. La poesia viene stampata su «La Riviera Ligure» nel novembre 1910 con il titolo *Verso la fede* e ripubblicata su «La Tribuna romana» il 22 febbraio 1911 poi in G. Gozzano, *I colloqui* in Id., *Poesie,* a cura di G. Bàrberi Squarotti, Rizzoli, Milano 2006, vv. 23-24, p. 238: «La Patria? Dio? l'Umanità? Parole / che i retori t'han fatto nauseose!...».

34. Pubblicata su «La Riviera Ligure» del maggio 1910 e ristampata su «Donna» dell'ottobre 1912.

lazzeschi a Corazzini che proprio nel 1903 pubblica il trittico *La Geografia*, nel quale dedica una parte all'Italia:

L'Italia? Ma l'Italia, sor Cremente,
è la mejo nazione che ce sia!
Chi cià 'sto cielo, pieno de poesia
che a guardallo, guardallo solamente

tu te senti venì la fantasia
de strillà al forestiero, come gnente:
'Sto cielo, 'sta bellezza è robba mia,
e voi nun ce l'avete un accidente?!

Guarda li fiori che ce so' da noi,
tu li raccoj a fasci co' le mano
pe' quanti ce ne so'! Mbè, voi

o nun voi, questo qui t'addimostra che nun sbaja
chi dice che de tutto er monno sano
er giardino più sprennito è l'Itaja![35].

In una lingua, che presenta un forte influsso del dialetto romano, l'Italia «la mejo nazione che ci sia», priva di ogni retorica, lontana da ogni canto dannunziano, viene descritta attraverso elementi naturali e quotidiani – il cielo, i fiori, il giardino – mentre la dialettica noi/voi rinvia ad un'idea di nazione-natura e nazione-popolo che si ritroverà anche in esperienze secondo-novecentesche, come in Pasolini[36] ad esempio. Ne *La bella preda* (1915) di Gozzano il modello dannunziano del *Canto augurale della nazione eletta* viene apertamente esibito per abbassarne i toni e rovesciarne l'intento patriottico-nazionalista, tramite una strategia nota secondo cui la figura, in questo caso del soldato-fanciullo e del suo "gesto sublime",

35. S. Corazzini, *La Geografia*, «Marforio», 19 novembre 1903.
36. Cfr. D. Brogi, *Un'estetica passione: la patria di Pasolini*, cit., pp. 125-177.

viene evocata anche grazie a espressioni che ne richiamano il modello, ma in tutt'altro contesto segnato ora dalla totale impossibilità di un "canto augurale":

Fanciullo formidabile: soldato
Dell'Alpi e tu mi chiedi
Ch'io celebri il tuo gesto in versi miei!
Non trovo ritmi - oimè! - non trovo rime
così come vorrei
al tuo gesto sublime!
Ma sai tu quanto sia bello il tuo gesto,
simbolica la spoglia
dell'aquila regale che t'offerse
l'Altissimo - redento! - a guiderdone
della baldanza tua liberatrice?
La vittima che dice:
Terra d'Italia è questa!
a consenso palese
dei cieli sommi nella santa gesta?[37]

Dai crepuscolari ai futuristi, il confronto-scontro con il modello dannunziano è cosa nota, anche se è bene sottolineare come conosca una particolare elaborazione nel caso del tema identitario proprio perché le spinte al rinnovamento delle avanguardie investono l'intero panorama, collegando sempre più il problema politico a quello letterario.

Fin dal *Manifesto* del 1909, il Futurismo elabora un'idea di Italia protesa verso il futuro, libera dai vincoli con la tradizione passata e pronta ad un rinnovamento in tutti i campi: «È dall'Italia, che noi lanciamo pel mondo questo nostro manifesto di violenza travolgente e incendiaria, col quale fondiamo oggi il "Futurismo", perché vogliamo liberare questo paese dalla sua fetida cancrena di professori, d'archeologi, di cice-

37. G. Gozzano, *La bella preda*, in Id., «La Lettura», agosto 1915 poi in Id., *Poesie*, cit., vv. 1-15, p. 413. Si veda anche *Ai soldati alladiesi combattenti* (1916).

roni e d'antiquarii. Già per troppo tempo l'Italia è stata un mercato di rigattieri. Noi vogliamo liberarla dagl'innumerevoli musei che la coprono tutta di cimiteri innumerevoli»[38]. Nonostante questo slancio, si percepisce una distanza incolmabile tra la patria immaginata dai futuristi e quella reale, tra la marinettiana "sfida alle stelle" e quella più concreta che si stava giocando nell'Italia giolittiana. Nello stesso anno, su «Poesia» di Marinetti, viene pubblicata la raccolta *Revolverate* di Lucini, definito da Marinettti «araldo dell'evoluzione letteraria», «il provocatore più ardente delle prime scaramucce liberiste in Italia»[39]: qui è raccolta *La canzone del giovane eroe*[40], nella quale il poeta si scaglia contro gli stereotipi dell'imperialismo bellico e coloniale: « – Signore, sono l'Eroe autentico, / quello vivo, splendente nell'assisa, / alle cui braccia la Patria si affida»[41]. In questi stessi anni, nel 1910, un intellettuale *sui generis*, Michelstaedter, giovane filosofo a un passo da una prematura morte,

38. F. T. Marinetti, *Manifesto del Futurismo*, in Id., *Teoria e invenzione futurista*, [I ediz. 1968; I edizione nei Meridiani 1983], a cura di L. De Maria, Mondadori, Milano 2001, p. 11.

39. F. T. Marinetti, *Prefazione futurista a Revolverate di Gian Pietro Lucini*, in Id., *Teoria e invenzione futurista*, cit., p. 30. Si legge poco più avanti dell'Italia «paese nel quale [...] la pigrizia della critica, il nessun interesse del pubblico, la mancanza di atmosfera sociale e di istituti politici favorevoli, l'eccessivo sospetto reciproco lasciarono svampare la tendenza tra molto fumo di parole innocue e tra molte risate, *riserbando (è nella speranza) decisioni vive e vigorose per un tempo meno manifatturiero e per una patria più libera*».

40. Il testo è introdotto da una serie di citazioni tratte da Laurent Thailhade (1854-1919). Se ne riporta qui una, quella relativa al patriottismo: «*Le Patriotisme, fiction cadastrale et mélodramatique, suffit à lui donner l'illusion de sa virilité sociale. C'est la plus haute expression du panbéotisme contempoarain!*». Trad. it.: «Il Patriottismo, finzione catastale e melodrammatica, basta a donargli l'illusione della propria virilità sociale. È la più alta espressione del panbeotismo contemporaneo!», da *Imbéciles et gredins* (1900).

41. G. P. Lucini, *La canzone del giovane eroe*, in Id., *Revolverate e Nuove Revolverate*, a cura di E. Sanguineti, Einaudi, Torino 1975, vv. 7-9, p. 21. Si legge anche in *Poesia civile e politica dell'Italia del Novecento*, cit.

scrive un testo, poi raccolto nel volume postumo delle *Poesie*[42], nel quale si leggono i versi da lui dedicati alla patria, scritti per il numero unico di una rivista triestina, nella quale però non furono poi mai pubblicati: «Non è la patria / il comodo giaciglio / per la cura e la noia e la stanchezza; / ma nel suo petto, ma pel suo periglio / chi ne voglia parlar / deve crearla»[43]. Dunque, da più parti, si leva il monito ad una definizione dell'identità nazionale che trova nell'espressione poetica il mezzo comunicativo più intimo e, allo stesso tempo, plateale.

È senza dubbio in occasione dell'impresa libica che la retorica nazionalistica italiana conoscerà un nuovo slancio e alcuni importanti risultati, come accade per la produzione civile dannunziana che troverà completa espressione in *Merope*, suscitando però reazioni contrastanti nel *côté* intellettuale di quegli anni: dal silenzio dei critici vociani[44] all'elogio di ampia parte della borghesia conservatrice. *Le canzoni della Gesta d'oltremare*, uscite sul «Corriere della sera» tra l'8 ottobre 1911 e il 14 gennaio 1912, suggellano il ruolo di d'Annunzio quale «vate dei destini patrii»[45]. Con un'operazione complessa che riprende e reinterpreta non solo la propria produzione precedente[46] – dall'enfasi delle *Odi navali* (1893) alle figure mitico-patriottiche

42. C. Michelstaedter, *Poesie*, [1948], introduzione, testo critico e note a cura di S. Campailla, Pàtron, Bologna 1974.

43. Ivi, p. 87.

44. Amendola scrive su «La Voce» un intervento dal titolo *Il Vate*, 1 febbraio 1912: «C'è un italiano che non sta zitto; che non medita, che non fa esami di coscienza né conti di cassa [...] e quest'italiano canta e chiacchiera e quel ch'è più cerca di far chiacchierare su di sé [...] Il vate, che è bizzarro come un bimbo [...] grida e strepita».

45. *Note* in G. d'Annunzio, *Versi d'amore e di gloria*, cit., p. 1284.

46. L'opera è introdotta come è noto dai versi del *Canto augurale della nazione eletta* (1901): «Così veda tu un giorno il mare latino coprirsi / di strage alla tua guerra / e per le tue corone piegarsi i tuoi lauri e i tuoi mirti, / o Semprerinascente, o fiore di tutte le stirpi, / aroma di tutta la terra, / Italia, Italia, / sacra alla nuova Aurora / con l'aratro e la prora!». G. d'Annunzio, *Versi d'amore e di gloria*, cit., p. 645.

di *Elettra* (1903) agli accenti filocolonialisti di *Più che l'amore* (1906) fino al nazionalismo della *Nave* (1908) – ma anche un'ampissima serie di fonti letterarie finemente combinate, da Dante a Whitman, ispiratore delle *Odi navali*, da Poliziano a Tommaseo, da Swinburne a Nietzsche, da Orazio e Tasso a Carducci[47], d'Annunzio costruisce una pagina decisiva della poesia civile novecentesca:

> Italia! Dall'ardor che mi divora
> sorge un canto più fresco del mattino,
> mentre di te l'esilio si colora.
>
> Oggi più alta sei che il tuo destino,
> più bella sei che la tua veste d'aria;
> e di lungi il tuo vólto è più divino.
>
> Odo nel grido della procellaria
> l'aquila marzia, e fiuto il Mare Nostro
> nel vento della landa solitaria[48].

L'impresa libica[49] smobilita per la prima volta nel Novecento tutte le forze politiche e costringe a testare un sistema comunicativo che aveva bisogno di una "prova generale" per mettere a punto i propri strumenti. Come afferma Isabella Nardi[50] nell'*Introduzione* all'antologia *La grande illusione: opinione*

---

47. *Note* in G. d'Annunzio, *Versi d'amore e di gloria*, cit., p. 1286.

48. G. d'Annunzio, *La Canzone d'oltremare*, in Id., *Merope*, in Id., *Versi d'amore e di gloria*, cit., vv. 4-12, p. 647. Si vedano i versi de *La canzone d'Elena di Francia*: «La sua forza gentile austera e pronta / è la tempra dell'aria. O Italia bella, / or sei fissa al tuo Sol che non tramonta». G. d'Annunzio, *La Canzone d'Elena di Francia*, in Id., *Merope*, in Id., *Versi d'amore e di gloria*, cit., vv. 160-162, p. 697.

49. Al 1911, come è noto, risale anche *l'Inno degli emigrati italiani a Dante* di Pascoli (raccolto nell'edizione del 1913 di *Odi e inni*) nonché il celebre discorso *La grande proletaria si è mossa*, 26 novembre 1911.

50. I. Nardi, "*L'Effetto Libia" nella letteratura e nel giornalismo del primo Novecento*, in *La grande illusione: opinione pubblica e mass media al tempo della guerra di Libia,* a cura di I. Nardi e S. Gentili, Morlacchi, Perugia 2009, pp. 11-36.

pubblica e mass media al tempo della guerra di Libia, si insiste soprattutto su alcuni elementi già presenti nella retorica nazionalista degli anni precedenti all'impresa: la giovinezza dell'Italia, la decadenza della Libia sotto il dominio turco, l'orgoglio per il retaggio della romanità e la sicurezza di futuri vantaggi. «L'altra sponda della Patria» – l'espressione risale al novembre del 1911 e compare su «L'Illustrazione italiana» – diventa la possibilità per l'Italia di riscattarsi e trovare finalmente una collocazione europea. Le voci d'opposizione rimangono sullo sfondo – caso emblematico quello de «La Voce» – e lasciano la ribalta ad un orchestrato e battente sistema massmediatico che troverà, poi, successivamente, una ancor più ampia sperimentazione:

> In questo esultante recupero della funzione mitopoietica dell'arte, auspicato dalla politica, il ruolo di protagonista è assegnato, prevedibilmente, a Gabriele D'Annunzio, cui si affiancano due dame di ferro come la Serao e la Negri e perfino Zvanin Pascoli [...]. L'attore-maschera della pubblicità coloniale, in attesa di diventare l'attore-eroe della Grande Guerra, è Gabriele D'Annunzio, le cui roboanti *Canzoni delle gesta d'oltremare* [...] svolsero un ruolo importante per rendere popolare l'epica della Grande Italia. [...] Da Ada Negri a Marinetti, da Pascoli a D'Annunzio, arrivando addirittura a Umberto Saba, tutta l'apparecchiatura culturale italiana, si mobilitò, dunque, per celebrare in prosa e in versi la spedizione di Tripoli, quale simbolo del risveglio e dello slancio della "Vittoria latina" ed è anche grazie a questo imponente contributo letterario, immediatamente divulgato dalla stampa e dall'editoria, che l'opinione pubblica diventò forse per la prima volta, almeno in Italia, opinione di massa, sicché il pur sobrio e asciutto Giolitti poté affermare, nel suo discorso al Senato del 12 febbraio 1912, che il paese "senza distinzioni di classi e condizioni sociali, unanimemente si era stretto intorno al suo esercito e alla sua armata; e aveva mandato serenamente i suoi figli a morire per la patria"[51].

51. Ivi, pp. 30 e 36.

L'intera parabola del futurismo, dalla sua nascita agli sviluppi successivi negli anni della guerra di Libia certo, ma anche in quelli dell'ascesa e dell'affermazione del fascismo, non fa che confermare questo particolare uso dei mezzi di comunicazione di massa e una continua e costante elaborazione di molteplici figurazioni dell'Italia che potrebbero anche riassumersi in un'immagine nel complesso unitaria e omogenea, e proprio per questo, lontana dai suoi tratti più reali.

Ne *L'Esecrabile sonno*[52], tratto da *L'aeroplano del papa. Romanzo profetico in versi liberi*, scritto in francese fra il 1911 e il 1912 e pubblicato a Parigi nel 1912, tradotto poi in italiano nel 1914, Marinetti dedica a Trieste e alla volontà di "svaticanare" l'Italia e di attaccare l'Austria i suoi esperimenti. E potrebbero essere certo più numerose le citazioni da portare ad esempio, dalle allegorie di Mafarka alla simbologia erotica presente nell'*Alcova d'acciaio*, dove l'Italia diventa «femmina bellissima viva-morta-rinata», «saggia-pazza», «cento volte ferita e pur tutta risanata»[53]. E anche nei testi teorici più tardi non si arresta la riflessione sui caratteri della nuova Italia futurista; *La Divina Commedia* viene definita «un verminaio di glossatori»[54] (1915) e nel *Manifesto del partito futurista italiano* (1918) si legge: «Il partito politico futurista che noi fondiamo oggi vuole una Italia libera forte, non più sottomessa al suo grande Passato, al forestiero troppo amato e ai preti troppo tollerati: una Italia fuori tutela»[55]. Qui, a distanza di tempo, torna il riferimento agli anni precedenti e alla volontà di un rinnovamento integrale, basato su un «nazionalismo rivoluzionario per la libertà».

52. Il testo è raccolto in *Poesia civile e politica dell'Italia del Novecento*, cit., pp. 128-132.

53. F. T. Marinetti, *L'alcova d'acciaio*, Mondadori, Milano 1927, p. 322.

54. F. T. Marinetti, *Teoria e invenzione futurista*, cit., p. 266.

55. F. T. Marinetti, *Manifesto del partito politico futurista*, in Id., *Teoria e invenzione futurista*, cit., p. 153.

La patria futurista si libera con un colpo di spugna della tradizione, del passato, di tutto ciò che non le permette di spiccare il volo verso il futuro, e anche di aspetti del presente che non le permettono di essere davvero libera, rimanendo però paradossalmente legata ad una serie di suggestioni primo-novecentesche, presenti in esperienze anche molto distanti, ma comunque responsabili di un immaginario nascente: «L'Idea di patria non è per noi un prolungamento del sentimento di famiglia [...] L'idea di patria annulla l'idea di famiglia. È un'idea generosa, eroica, dinamica, futurista, mentre l'idea di famiglia è gretta, paurosa, statica, conservatrice, passatista»[56] (1919). La guerra – prima l'impresa libica e poi, in modo ancor più forte e devastante, la Grande Guerra – mette in moto una serie di processi culturali di breve e lunga durata, in grado di produrre tipologie discorsive e iconiche che, sebbene nella fluidità del divenire e nella varietà spaziale e geografica della loro fenomenologia, rappresentano un forte sostrato comune, destinato ad infrangersi e a divenire "plurale" solo nella seconda metà del secolo.

Nel 1912, anche Matilde Serao dedica al conflitto italo-libico un'opera, *Evviva la guerra!*[57]: si tratta del testo della conferenza dall'omonimo titolo e di alcuni articoli sulla guerra libica, pubblicati dall'autrice nel «Giorno di Napoli» e nel «Giornale d'Italia». Nella conferenza, letta il 3 maggio 1912, presso «l'Associazione della stampa italiana», Serao parla ai soldati che hanno lottato per la patria da un'ottica di pacifico interclassismo, secondo la quale la guerra è innanzitutto

56. F. T. Marinetti, *Teoria e invenzione futurista*, cit., p. 389.
57. M. Serao, *Evviva la guerra!*, Francesco Perrella, Napoli 1912.

un'occasione di affratellamento generale, come in parte avviene nel Pascoli de *La grande proletaria si è mossa*[58].

Negli anni che portano alla Grande Guerra – le opere citate testimoniano anche la grande varietà di generi e scelte stilistiche – si affina in modo sorprendente la ricerca di nuove e inedite soluzioni: da una parte, si sviluppano alcune costanti tematiche di stampo dannunziano o pascoliano, coniugate con importanti novità formali, come accade nelle avanguardie e negli autori che da queste saranno influenzati, dall'altro si negano, però, violentemente queste stesse esperienze, tramite l'ironia, il sarcasmo o l'invettiva, in nome di un più ampio disegno. Il risultato è un'idea contraddittoria di Italia, seppure estremamente viva, che si muove e si articola nei più diversi generi, tessuta da innumerevoli suggestioni che la rendono, nonostante le fratture e le incongruenze, sempre più moderna e calata ormai in un contesto pienamente novecentesco. "Attraversare d'Annunzio" è assolutamente imprescindibile anche per poeti che poi svilupperanno una poetica giocata su altri piani, lontana da tale modello. Nella poesia di Saba *In morte di un fattorino telegrafico*, non a caso espunta dal *Canzoniere*, pubblicata per la prima volta nel dicembre 1914, con la data Bologna, 1913[59], si presenta questo singolare intreccio fatto di reminiscenza dei modelli e allontanamento da essi; il titolo e l'argomento, peraltro, richiamano un testo di *Scorciatoie e raccontini*, *Italia mia*[60], con il risultato di un effetto doppiamente straniante se si considera che compare nel testo poetico la

58. Si veda *La grande illusione: opinione pubblica e mass media al tempo della guerra di Libia*, cit., pp. 305-308.

59. U. Saba, *In morte di un fattorino telegrafico*, «La Riviera Ligure», (XX, 36), dicembre 1914.

60. U. Saba, *Italia mia*, in Id., *Scorciatoie e raccontini*, in Id., *Tutte le prose*, a cura di A. Stara e con un saggio introduttivo di M. Lavagetto, Mondadori, Milano [I ediz. 2001] 2002, pp. 103-104.

stessa scena che sarà poi presente nel *Notturno* con la bandiera apposta al capezzale; la differenza sta nel fatto che qui a morire non è un eroe, ma un semplice fattorino e dunque l'accostamento tra i due testi stride, rivelando la volontà sabiana di riformulare l'enfasi patriottica di inizio Novecento e tradurla in un nuovo linguaggio poetico:

> Italia mia, mio conquistato amore,
> per quest'umile, cui colse sventura,
> dammi, per suo lenzuolo, il tricolore;
> che il corpo ne ravvolga adolescente
> e lo porti così alla sepoltura![61]

Il tema della bandiera[62] torna anche in *Tre vie*[63], dove il riferimento alla retorica nazionalista subisce lo stesso trattamento di distorsione e straniamento, per affermare un ideale di italianità che fa del popolo e della quotidianità i propri nuovi emblemi: «[…] un negozio ha per insegna / una bandiera; nell'interno, volte / contro il passante, che raro le degna / d'uno sguardo, coi volti esangui e proni / sui colori di tutte le nazioni, / le lavoranti scontano la pena / della vita: innocenti prigioniere / cuciono tetre le allegre bandiere»[64].

61. U. Saba, *In morte di un fattorino telegrafico (Morto a Bologna, per una caduta in bicicletta, scendendo l'erta dell'Osservanza)*, in Id., *Tutte le Poesie*, [I edizione 1988], a cura di A. Stara, introduzione di M. Lavagetto, Mondadori, Milano 2004, vv. 1-5, p. 905. Pubblicata su «La Riviera Ligure», a. XX, n. 36, dicembre 1914 con la data Bologna, 1913.

62. L. Oliveto, *Il tricolore "di carta". La bandiera italiana nelle pagine della letteratura e della poesia popolare*, in G. Carducci, M. Luzi, *Discorsi per il tricolore*, a cura di R. Barzanti, C. Fini e L. Oliveto, Zanetto, Montichiari 1999, pp. 33-62.

63. U. Saba, *Tre vie*, in Id., *Trieste e una donna (1910-1912)*, in Id., *Tutte le Poesie*, cit., p. 99. Cfr. F. Menci, *L'identità nazionale e la poesia dei "giovani" nel primo Novecento*, in *Letteratura e identità nazionale nel Novecento*, a cura di R. Luperini e D. Brogi, cit., pp. 55-109.

64. Ivi, vv. 10-17, p. 99.

Da *Il ciabattino*[65] a *La ritirata in Piazza Aldrovrandi a Bologna*[66] o, anche se in misura minore, in testi successivi come *Avevo* e in *Dove al mondo m'ha messo*, è possibile seguire le tracce di un discorso ininterrotto sull'Italia che sarà poi sviluppato da Saba anche negli anni successivi. Dalla revisione della storia italiana – «Gli italiani vogliono darsi al padre ed avere da lui, in cambio, il permesso di uccidere gli altri fratelli»[67] – ad alcune lapidarie affermazioni sul nazionalismo – «il nazionalismo mostra come la nevrosi, il rovescio della medaglia; attraverso l'esasperazione di un sentimento così naturale come l'amore per il proprio paese, il principio della sua negazione»[68] – o sulla condizione della cultura italiana – «L'Italia ha dato il fascismo; e fu una cosa orrenda»[69] – Saba elabora un'intensa riflessione sull'Italia mettendo in luce una parte della sua produzione meno nota, ma estremamente viva e dotata di una forza che resta oggi inaspettatamente attuale. A partire da una posizione di antibellicismo che però non esclude una certa ambiguità di fondo, Saba – e sarebbe qui necessario citare anche il Palazzeschi "politico" che dopo la "favola aerea" e sperimentale del *Codice di Perelà*

---

65. U. SABA, *Il ciabattino*, in Id., *La serena disperazione (1913-1915)*, in Id., *Tutte le Poesie*, cit., vv. 3-6, p. 165: «sapessi almeno scriver dei bei versi, // un po' troppo sonori, anche un po' vani, / nulla più che una musica all'orecchio, / come piacciono i versi agli italiani».

66. U. SABA, *La ritirata in piazza Aldrovandi a Bologna*, in Id., *La serena disperazione (1913-1915)*, in Id., *Tutte le Poesie*, cit., vv. 4-6 e v. 16, p. 155: «L'allegra ragazzaglia urge e schiamazza, / che i bersaglieri colle trombe d'oro / formano il cerchio in mezzo della piazza. […] // E tu sei tutta in questa piazza, o Italia».

67. U. SABA, *Scorciatoie e raccontini*, in Id., *Tutte le prose*, cit., p. 8.

68. Ivi, p. 20. Così prosegue: «I nazionalisti italiani avevano derivata la loro teoria dalla Francia: volevano essere francesi. E la Francia dei nazionalisti francesi non era quella del loro tempo; era un'altra Francia, morta da secoli; quella (circa) di Luigi XIV. I nazionalisti sono cattivi figli: vogliono cambiare di madre; non amano abbastanza quella che Dio ha loro data».

69. Ivi, p. 47.

passa in *Due imperi…mancati* (1920)[70] ad elaborare un'inquietante riflessione sulle sorti italiane – sviluppa motivi al centro del dibattito culturale del momento[71].

Certo è che l'Italia negli anni che portano alla Grande Guerra[72] conosce una profonda ridefinizione che trova nel confronto con il modello dannunziano e nell'articolarsi della tematica identitaria due ineliminabili poli intorno ai quali si gioca tale trasformazione – da Saba all'Ungaretti[73] di *Popolo* e *Italia* – che investe tutti gli aspetti della vita culturale e letteraria italiana:

> Le nuove circostanze spingono i contenuti della poesia politica e civile italiana a farsi ancor più nazionali e patriottici, mentre prende forma e via via si rafforza, con l'approfondirsi dell'esperienza bellica, l'idea del protagonismo popolare […]. In armonia con un orientamento generale della cultura, anche l'identificazione dell'intellettualità poetica con il Paese in guerra è pressoché totale. […]. Lo "Stato culturale", come lo ha chiamato Marc Fumaroli, che imperverserà nel Novecento tanto nella forma democratica che in quella totalitaria, muove i primi passi proprio in coincidenza con la Prima guerra mondiale[74].

70. Si veda anche A. Palazzeschi, *Tre imperi…mancati: cronaca (1922-1945)*, Vallecchi, Firenze 1945.

71. Cfr. A. Cortellessa (a cura di), *Le notti chiare erano tutte un'alba. Antologia dei poeti italiani nella Prima guerra mondiale*, prefazione di M. Isnenghi, Bruno Mondadori, Milano 1998. Cortellessa riporta nell'antologia i seguenti testi di Saba: *Bersaglio* e *Congedo* nella sezione *Antefatto – La guerra attesa*; *Sognavo, al suol prostrato…*, *Vita di guarnigione* e *Intermezzo quasi giapponese* in *La guerra riflessione*, *Addio ai compagni* in *La guerra-lutto* e un testo tratto da *Autobiografia: 14* in *La guerra ricordata*.

72. Si vedano gli articoli che Saba scrive nel 1915: *Il Mediterraneo è un pretesto* pubblicato sul «Popolo d'Italia» il 21 febbraio e *Quello che il governo vuole* che comparve anonimo sul «Popolo d'Italia» il 9 marzo. Entrambi gli articoli si leggono in U. Saba, *Tutte le prose*, cit., pp. 811 e 817. Si veda anche il ricordo-racconto *Il sogno di un coscritto* pubblicato sulla «Nuova Stampa» il 22 giugno 1957, ora in U. Saba, *Tutte le prose*, cit., p. 1106.

73. Per un confronto tra l'Ungaretti di *Italia* e il Serra de *L'Esame di coscienza di un letterato* si veda F. Menci, *L'identità nazionale e la poesia dei "giovani"nel primo Novecento*, cit., p. 70.

74. E. Galli della Loggia, *Introduzione*, in *Poesia civile e politica dell'Italia del Novecento*, cit., pp. 18-19.

Sono anni determinanti per il dissolversi di un sistema politico-ideologico di stampo ottocentesco destinato a scontrarsi con le forze emergenti e con le spinte verso un rinnovamento che la guerra renderà ancor più necessario e ineludibile. Anche uscendo dai binari della poesia civile, è possibile incontrare testi che presentano la volontà di una ridefinizione del volto del paese: si pensi al Campana del *Canto proletario italo-francese*, composto nell'autunno del 1914, pubblicato nel novembre dello stesso anno su «Il cannone» e poi nel 1916 su «La Riviera Ligure». In una lettera a Cecchi il poeta così descrive questa lirica: «È una poesia nazionale che continua in un rude canto popolare»: «Questa volta con il cannone / Italia che fai processione / Con il badile prendi il fucile guarda il nemico ti tocca andar / Guarda il nemico che poi non t'importa / Ti sei fatta a forzare la pietra / Prendi coraggio se batti la porta / questa volta ti si aprirà». O si pensi a *Mio popolo* di Jahier, scritta nella primavera del 1915 e pubblicata sulla rivista «Lacerba» prima dell'approdo dello scrittore ad un moderato interventismo: «Ehi, ragazzi, la guerra sapete / non è poi tanto cattiva: / almeno nelle antiche storie / alla fine si moriva. / Quanto alla nostra grande Patria / la nostra parte di terra nativa / nel sacco, spatriando, / c'è sempre entrata. / A spalla è tanto che la portiamo. / Nello zaino non la perderemo»[75]. Anche uno dei testi più conosciuti di questi anni, *Guerra!* di Govoni (da *L'inaugurazione della primavera*[76]) registra la stessa volontà di definizione dell'Italia, seppure segnata da una evidente contraddizione di fondo e da una profonda amarezza legata alle conseguenze di un conflitto che avrebbe cambiato

75. P. Jahier, *Mio popolo*, in *Poesia civile e politica dell'Italia del Novecento* cit., p. 142.

76. C. Govoni, *Guerra!*, in Id., *L'inaugurazione della primavera* [I ediz. 1915], A. Taddei, Ferrara 1920, pp. 251-265.

l'Europa intera: «Non esiste la patria / solo una patria esiste: / quella dell'odio, / solo l'istinto selvaggio è il nostro padrone, / la bruta forza dei sensi»[77].

E non sorprende trovare le tracce di tale elaborazione intorno al concetto di patria anche nel "laboratorio" di Pirandello: si tratta di un appunto del 1915, compreso e poi pubblicato nel *Taccuino segreto*, dal titolo *La Patria*:

> Dice che lui non la sentiva, la patria.
> «Non la sento, che posso farci? Mi pare rettorica. Non la sento».
> Dissi: «Ma ne sei stato mai fuori?»
> «Purtroppo no; questo no», rispose.
> «Purtroppo», dissi, «l'avresti allora provato che la senti. La senti sì, e non te n'accorgi. L'aria la respiri; e non ci pensi; la tua lingua la parli; e non ci pensi; tante cose fai, che non sai di fare, che gli altri intorno a te intendono, perché anche loro le fanno senza sapere che le fanno. Ma non lo sai qui; non ci pensi qui. Lo saprai e ci penserai fuori, dove respirerai un'altr'aria e ti vedrai obbligato a parlare un'altra lingua e vedrai che gli altri non fanno più come te e che i tuoi atti non sono più comunemente intesi. E t'accorgerai che è questa, la patria che ti manca, e che tu la senti, e non puoi non sentirla, perché è in te viva. O che credi che sia la patria? L'elmo di Scipio? di cartone?»[78]

L'appunto che non risulta utilizzato in altri luoghi dell'opera pirandelliana testimonia la presenza di una riflessione che si trova sviluppata e disseminata in tutta la produzione dello scrittore, dal tema della delusione post-risorgimentale a quello dello scontro generazionale a quello intorno all'istituto della famiglia e alla violenza dei ruoli sociali. Da *I vecchi e i giovani* a *Berecche e la guerra* a numerose novelle, infatti, il riferimento alla tematica "risorgimentale", così legata alla biografia dello scrittore e alla sua formazione itinerante e in parte tedesca, segna

77. Ivi, vv. 174- 178, pp. 256-257.
78. L. Pirandello, *Taccuino segreto*, Mondadori, Milano 1997, p. 98.

l'opera pirandelliana ancor prima dell'affermarsi del fascismo e la rende un ricco campo d'indagine per sondaggi relativi alla visione della questione nazionale negli anni che tragicamente portano al trauma della prima guerra mondiale, spartiacque dove si chiude e si apre una stagione, dove tutto finisce e di nuovo inizia.

Fino alla Grande Guerra, dunque, resiste un ideale di patria capace di coniugare in sé politica e letteratura, reso in parte saldo tanto dalla estrema tenuta del modello dannunziano quanto dalla sua negazione, ma già negli anni del conflitto le tensioni tendono sempre più all'esasperazione di concetti quali "patria" e "nazione" e alla conseguente disseminazione progressiva dell'idea stessa di unità. Negli anni tra le due guerre, poi, il fascismo e la censura porteranno a fratture non più sanabili che, paradossalmente e nonostante il *battage* della propaganda, allontaneranno la letteratura dalla politica e, ancor più, la poesia dalla possibilità di intervento nella realtà, determinando nuovi scenari. L'Italia – che venga definita raminga, alata o donna comune – è ritratta nei versi di inizio Novecento ancora con un aspetto, un volto, una figura ben riconoscibili: resiste un'idea di appartenenza nazionale nella quale risuona potente l'eco della tradizione che ha nel Risorgimento il suo punto di riferimento, anche se le fratture sono già evidenti e di lì a breve nuove trasformazioni renderanno irriconoscibile questo stesso disegno – deformato, frammentato, fatto a pezzi e ricomposto, rotto, spezzato e moltiplicato in molteplici differenti immagini – non più, certo, corrispondente ad un unico paese, ma ad una realtà plurima, in divenire, fatta di infinite possibili variabili.

Uno sguardo di genere: l'Italia nei versi di Annie Vivanti, Ada Negri e Amalia Guglielminetti

Italia, bella Italia, che cos'hai tu nel cuore?
(Annie Vivanti, *Il cuore d'Italia*)

Fluttuo con te, nel tuo sordo tumulto
perduta; e tu mi porti e tu mi spingi
e mi rigetti, e d'ignorarmi fingi,
ma ben m'abbranca il tuo potere occulto.
(Ada Negri, *La folla*)

La parola è un potere violento
che mi strappa una parte di me stessa
e la disperde come piuma al vento.
(Amalia Guglielminetti, *La parola*)

Da più parti, in tempi recenti, si sono elaborate riflessioni sull'evolversi della mitografia nazionale, sui modi, le forme e i tempi che connotano un percorso ancora in atto, caratterizzato da continue svolte e da ripensamenti necessari quanto vari: i concetti di "patria", "terra", "popolo", "nazione", "identità" sono alla base di questo dibattito mai concluso che si apre oggi alla possibilità di nuove significative tappe. Senza la pretesa di voler configurare la complessità di una costellazione "in movimento", si propone qui l'analisi di alcune esperienze poetiche – apparentemente più in ombra di altre, ma non meno incisive – che hanno segnato il panorama culturale della prima metà del Novecento. Non si intende, dunque, affrontare la questione dell'identità nazionale italiana[1] *tout*

1. Tra i contributi intorno al dibattito sull'identità letteraria italiana cfr. E. Raimondi, *Letteratura e identità nazionale*, cit.; S. Jossa, *L'Italia letteraria*, cit.; A.

court, che verrà qui intesa non come appartenenza etnica ma esclusivamente come fatto culturale, paradigma storico che muta e si trasforma nel tempo e nello spazio, vera e propria "invenzione storica"[2]. Sin dal periodo post-unitario è emersa «un'immagine debole»[3] dell'Italia, in quanto, nonostante il carattere letterario ancor prima che storico, e nonostante la volontà politica che la rese tale, l'Italia unita mostra nell'ultimo scorcio dell'Ottocento tutte le sue debolezze[4] di cui la memoria comune registra i passaggi, elaborando via via un'idea di riscatto e di ricerca inesausta di affermazione che sarà uno dei tratti distintivi del passaggio tra Otto e Novecento:

> A partire dal 1870, ma forse già negli anni precedenti, l'allegoria dell'Italia turrita appare caratterizzata più da discontinuità e da silenzi che da una solida, continua emergenza. È questa la prima conclusione alla quale si giunge confrontandosi con le forme – molteplici e davvero eterogenee – assunte dalla rappresentazione dello Stato e della nazione[5].

Si pensi alle molteplici rappresentazioni della nazione che dominano il nostro immaginario – dall'Italia-donna cantata dai poeti maschi, allegoria di una nazione alla ricerca perpetua

---

Asor Rosa, *Letteratura italiana. La storia, i classici, l'identità nazionale*, Carocci, Roma 2014; *Letteratura identità nazione*, a cura di M. Di Gesù, :duepunti, Palermo 2009; A. Quondam, G. Rizzo (a cura di), *L'identità nazionale: miti e paradigmi storiografici ottocenteschi*, Bulzoni, Roma 2005; A. Quondam (a cura di), *Il Canone e la Biblioteca. Costruzioni e decostruzione della tradizione letteraria italiana*, Bulzoni, Roma 2002. D. Brogi, R. Luperini (a cura di), *Letteratura e identità nazionale nel Novecento,* cit.

2. Cfr. E. J. Hobsbawm, *L'invenzione della tradizione*, Einaudi, Torino 1954.

3. Cfr. I. Porciani, *Stato e nazione: l'immagine debole dell'Italia* in *Fare gli italiani. Scuola e cultura nell'Italia contemporanea,* vol. I, a cura di S. Soldani - G. Turi, Il Mulino, Bologna 1993, pp. 385-428.

4. Cfr. T. Poggi Salani, *Una tardiva unificazione linguistica: i riflessi sull'oggi* in *Fare gli italiani. Scuola e cultura nell'Italia contemporanea,* vol. II, a cura di S. Soldani - G.Turi, cit., pp. 211-47.

5. I. Porciani, *Stato e nazione: l'immagine debole dell'Italia,* cit., p. 396.

di un riscatto, sessualizzata[6], ferita e in continua attesa di essere salvata, all'elaborazione di un vero e proprio *topos* letterario, creazione dei poeti[7]:

> Il mito *machista* della conquista attraversa soprattutto la generazione successiva a quella risorgimentale, che pensa spesso alla terra coloniale come una donna da conquistare. [...] Sono le avventure coloniali, infatti, a favorire la crescita del mito maschilista della conquista, come hanno dimostrato gli studi di Mario Isnenghi e Antonio Gibelli[8].

Molto si è detto sul periodo post-unitario, altrettanto sulle categorie di lunga durata che ruotano intorno al macro-concetto di identità nazionale; manca però l'analisi di alcune zone in ombra del Novecento, di una modernità che incontra la contemporaneità in un «presente a geometria variabile»[9] e sfuggente che non può essere compreso senza indagare la storia e la letteratura alle nostre spalle. Seguire e interpretare i passaggi cruciali della parabola novecentesca vuol dire tracciare un percorso tematico-cronologico attraverso la generazione dei poeti primo novecenteschi[10] indagando continuità

6. N. Bazzano, *Donna Italia. Storia di un'allegoria dall'antichità ai giorni nostri*, Colla, Costabissara (Pd) 2011; e S. Jossa, *Matria. L'Italia femmina dei poeti maschi*, in G. Alfano, N. Bellucci, C. Bertoni, A. Cortellessa, D. Dalmas, M. Di Gesù, S. Jossa, M. Sacco Messineo, D. Scarpa, *Una. D'arme, di lingua, d'altare, di memorie, di sangue e di cor*, :due punti, Palermo 2013, pp. 193-218.

7. Cfr. M. di Gesù, *Una Nazione di carta. Tradizione letteraria e identità italiana*, Carocci, Roma 2013.

8. S. Jossa, *Matria. L'Italia femmina degli italiani maschi*, cit., p. 196. Nel saggio Jossa cita il *Canto amebèo della guerra* di d'Annunzio, *Guerra!* di Govoni e *L'alcova d'acciaio* di Marinetti come testi nei quali l'Italia è ridotta a donna da possedere e conquistare.

9. Per il concetto di "presente a geometria variabile" cfr. S. Lanaro, *Retorica e politica*, Donzelli, Roma 2011; anche M. Biondi, *Il discorso letterario sulla nazione. Letteratura e storia d'Italia*, Rubbettino, Soveria Mannelli 2012.

10. F. Menci, *L'identità nazionale e la poesia dei "giovani" nel primo Novecento* in *Letteratura e identità nazionale nel Novecento*, cit., pp. 55-109.

e rotture rispetto ad un modello "debole" ma ben presente nell'orizzonte culturale italiano:

> Nel Novecento la tradizione è un flusso interrotto, una sorta di iato, di rottura: occorre cercare strade nuove per ritrovare il passato. [...] Il passato anche quando si riduce a frammenti, a grandi rovine, è un tesoro che bisogna animare di vita, un tesoro che deve essere descritto dinamicamente. Non è tanto colui che cita a farsi specchio del passato, quanto l'opposto: in altre parole, per comporre bisogna scomporre, bisogna distruggere per far emergere qualcos'altro[11].

Ciò che innanzitutto è necessario sottolineare è la declinazione fortemente civile della scrittura letteraria nel passaggio tra Otto e Novecento[12] e, in seconda istanza, la presenza e la ricorrenza del tema identitario nei testi poetici quale formazione discorsiva plurisignificante che abbraccia diversi ambiti e ne rappresenta il sostrato. A inizio Novecento la parola poetica e il ruolo intellettuale ancora conservano una funzione, seppure messa in discussione da più parti, di intervento attivo nella società. Se numerose esperienze muovono dal rifiuto dei modelli della poesia civile e patriottica della tradizione, è altrettanto evidente che si sviluppa la ricerca di nuove soluzioni, dall'ironia corrosiva dei crepuscolari – si pensi ai versi de *La bella preda* di Gozzano, nei quali si irride apertamente il dan-

---

11. E. Raimondi, *Letteratura e identità nazionale*, [1998], Mondadori, Milano 2002, pp. XII-III.

12. Cfr. R. Luperini, *Letteratura e identità nazionale: la parabola novecentesca*, in *Letteratura e identità nazionale nel Novecento,* a cura di R. Luperini e D. Brogi, cit.; poi in Id., *L'autocoscienza del moderno*, Napoli, Liguori, 2006, pp. 35-52; e S. Jossa, *Da «donna di province» a «matria insana»: l'Italia dei poeti*, in *Il canto dei poeti. Versi celebri da Dante al Novecento nelle romanze e liriche dei compositori italiani*, a cura di S. Frantellizzi, Casagrande, Milano-Lugano 2011, pp. 233-252. Si vedano anche le antologie *Ethos e Mythos. Poesia e impegno civile nel Novecento italiano*, a cura di L. Fulci, Edizioni Libreria Croce, Roma 2010, e *Poesia civile e politica dell'Italia del Novecento*, a cura di E. Galli Della Loggia, cit. Si rinvia al primo capitolo per un quadro d'insieme sulla poesia d'inizio Novecento.

nunziano *Canto augurale della nazione eletta*[13] – alle provocazioni eversive delle avanguardie. Da Gozzano a Palazzeschi a Corazzini, appare chiaro il rifiuto del modello dannunziano, ma anche il segno di una rottura insanabile, che riguarda sì l'identità nazionale, ma soprattutto il concetto stesso di tradizione. Ne l'*Italia* di Corazzini o, su tutt'altro versante, ne l'*Italia* di Ungaretti questo emerge con forza:

> Il fallimento degli ideali risorgimentali denunciato da De Roberto non impedirà alla retorica risorgimentale di sopravvivere fino alle soglie del fascismo. Il nesso tra letteratura e identità nazionale è ancora fortissimo nel dittico che chiude *Il Porto sepolto* di Giuseppe Ungaretti, *Italia* e *Poesia*[14].

Come afferma Amedeo Quondam, tra il 1861 e il 1911, «il paradigma dell'epopea risorgimentale è profondamente rivisto, aggiornato e reso funzionale ai tempi nuovi»[15]; senza dimenticare che suggestioni irrazionalistiche e profonde trasformazioni della figura dell'intellettuale modificheranno o hanno già modificato un intero panorama. Si pensi agli articoli di Corradini[16] pubblicati nei primi anni del Novecento su testate come «Marzocco», «Il Regno», «Idea nazionale», «Giornale d'Italia», nei quali si elaborano le basi del nazionalismo novecentesco e di una retorica "mitica" che troverà in d'Annunzio il suo maggiore cantore, dalle *Odi navali* a *Maia,* dalla poesia civile di *Elettra* – tornano alla mente i versi di *La notte di Caprera* o del *Canto augurale per la nazione eletta* per citare

13. Cfr. E. Raimondi, *Introduzione*, in Id., *Letteratura e identità nazionale*, cit., pp. XII-III.

14. S. Jossa, *L'Italia letteraria*, cit., p. 28.

15. A. Quondam, *Premessa*, in Id., *Risorgimento a memoria. Le poesie degli italiani*, cit., p. XIX. Cfr. anche *L'identità nazionale. Miti e paradigmi storiografici ottocenteschi*, a cura di A. Quondam e G. Rizzo, cit.

16. Cfr. E. Corradini, *Scritti e Discorsi 1901-1914*, cit.

solo i testi più famosi – ai componimenti dedicati alla guerra di Libia in *Merope,* ai *Canti della guerra latina.*

Se questa pagina della letteratura novecentesca risulta ampiamente indagata, anche secondo il tema qui proposto, non è così per alcune esperienze ai margini del canone[17] novecentesco: in che modo l'immagine dell'Italia e dell'unità nazionale che dovrebbe caratterizzarla, al mutar del secolo si evolve nei versi delle poetesse allora più lette? Si tratta di "spostare" la prospettiva abituale e trasformare il genere[18] in un ulteriore strumento d'indagine che insieme al tema sia lente e insieme chiave per leggere la storia letteraria novecentesca. Il discorso diventa ancor più complesso perché la nozione di "identità nazionale" si sovrappone a quella di "identità" *tout court* – sessuale, ma anche politica e culturale – e il processo di mitizzazione avviato nell'Ottocento e esploso nelle teorie di stampo nazionalistico incontra qui un inevitabile effetto di straniamento. In *Ego,* testo che dà inizio alla raccolta poetica di Annie Vivanti, *Lirica* – varie edizioni si susseguono dal 1890 al 1921 – si presenta tale effetto di straniamento fino alle estreme conseguenze, la non-appartenenza:

> Del mio paese chiedi? Io ti rispondo:
> Non ho paese: è mia tutta la terra!
> La patria mia qual'è? Mamma è tedesca,
> Babbo italiano, io nacqui in Inghilterra[19].

17. Cfr. M. Farnetti, *Pagare il canone*, in *Le Eccentriche. Scrittrici del Novecento*, a cura di A. Botta, M. Farnetti, G. Rimondi, Tre Lune, Mantova 2003, pp. 279-84. Anche A. Arslan, *Dame, galline e regine. La scrittura femminile fra '800 e '900*, a cura di M. Pasqui, premessa di S. Nash-Marshall, Guerini, Milano 1998.

18. Cfr. A. Di Grigoli, *Letteratura italiana e differenza di genere*, in *Letteratura, identità, nazione,* a cura di M. Di Gesù, cit., pp. 121-32; e *Di generazione in generazione. Le italiane dall'unità ad oggi*, a cura di M. T. Mori, A. Pescarolo, A. Scattigno, S. Soldani, Viella, Roma 2014.

19. A. Vivanti, *Ego*, in Ead., *Lirica*, Treves, Milano 1890 poi in Ead., *Tutte le poesie. Edizione critica con antologia di testi tradotti,* a cura di C. Caporossi, Olschki, Città di castello (Pg) 2006, vv. 13-6, p. 149.

Nata nel 1868 a Londra da padre italiano, patriota e garibaldino, Vivanti, definita "romanzatrice" da Croce, rappresenta nel panorama italiano di fine Ottocento un caso raro, quello di una scrittrice con una formazione cosmopolita, con esperienze disparate alle spalle, da mancata attrice e insegnante di pianoforte a scrittrice e poetessa legata al vate Carducci, monumento della poesia italiana del momento. La sua esperienza è dirompente, nonostante una lunghissima pausa – quasi vent'anni dedicati alla maternità – e le resistenze di una parte del mondo accademico. Ma la determinazione che esprime nella sua opera poetica, certo meno conosciuta di quella narrativa anche se altrettanto intensa, rovescia stereotipi e categorie, soprattutto se si pensa che la maggior parte delle sue poesie sono scritte tra il 1882 e il 1885, un *corpus* compatto che andrà ampliandosi negli anni. «Io voglio un nuovo canto audace e forte»[20], recita il verso di una sua poesia:

> In tutto il Paese i maggiori quotidiani danno la notizia che *Lirica* è ormai in libreria. A Firenze, la rivista «Vita Nuova» insiste sulla presentazione di Carducci, vera fortuna del libro [...][21]. Chi vi trova un pregio, chi un difetto, chi sussurra qualche ipotesi azzardata, chi si interroga su quell'inaspettata protezione carducciana... ma è un fatto che in quell'inizio d'estate 1890 "nessuna signorina in Italia fa tanto parlare di sé quanto la signorina Annie Vivanti"[22].

L'Italia per Vivanti è patria prescelta, luogo dove sceglie di vivere nonostante il suo pellegrinare continuo, e gli italiani un "popolo da sonetti e da canzoni". In *Ave, Albion!* Vivanti contrappone la «gelida Inghilterra» all'Italia, paese dalle passioni forti e dai contrasti mai sanati: «Datemi il facil riso e il pian-

20. A. Vivanti, *Nuova*, in Ead., *Lirica*, cit., v. 9, p. 151.
21. C. Caporossi, *Saggio introduttivo*, in A. Vivanti, *Tutte le poesie*, cit., p. 19.
22. Ivi, pp. 19-20.

ger forte / e la favella dell'Italia mia!»[23]. Interessante notare che nell'ultima strofa sostituirà al termine "nazione" quello più generico di "popolo" per parlare degli inglesi con tono di sprezzo. Un giudizio che già negli anni in cui pubblica *I divoratori* sarà in parte rivisto dalla scrittrice, anche se non del tutto:

> Annie Vivanti è ugualmente a casa sua in Inghilterra, Nord America e Italia. Lo si vede da come dipinge gli inglesi, gli italiani e i giovani di discendenza mista. In gioventù aveva scritto un'impetuosa poesia in cui esprimeva la sua antipatia per gli abitanti dell'Isola delle Nebbie con un fuoco e un'energia tutte meridionali, dicendo delle frizzanti verità a proposito della loro rigidezza, della loro freddezza e convenzionalità. Adesso ha completamente abiurato il credo professato in quella poesia. Nel suo romanzo, infatti, gli inglesi sono tutti leali, giusti e onesti, mentre dall'altra parte gli italiani sono amorali, fino a un livello quasi comico, e spregevolmente sleali. E, per contrasto, le loro donne sono tutte più stimabili. Però, mentre gli italiani alla fine stanno davanti al lettore come esseri viventi, in tutte le loro debolezze, la loro indolenza, il loro stupido modo d'amare, i cavallereschi inglesi non sono che mere ombre, figure romantiche che appaiono soltanto per poi svanire[24].

Più avanti, negli anni della guerra di Libia, altro snodo storico fondamentale per la tematica identitaria e le sue diverse declinazioni, Vivanti scrive un testo, *Il Natale d'Italia*, dove, secondo modalità tipiche della tradizione, l'Italia viene personificata: «Torna il Natale: e Italia giovinetta / Apre gli occhi stellanti e trasognati: / (Da lontano le giunge una canzone: /

23. A. Vivanti, *Ave, Albion!*, in Ead., *Lirica*, cit., vv. 17-8, p. 160.

24. G. Brandes, *I divoratori*, «Fortnightly Review», 1 luglio 1910, ora in A. Vivanti, *I divoratori*, a cura di C. Caporossi, Sellerio, Palermo 2008, p. 530. Cfr. A. Vivanti, *I divoratori*, cit., p. 74: «Che altro poteva essere lo struggimento che provava? Certo, certo era di nostalgia che soffriva: aveva bisogno di vedere il sole d'Italia, di udire delle voci italiane, di trovarsi in mezzo a gente dai gesti facili, dagli occhi neri, dai capelli neri. Ah! sopratutto dai capelli neri! Non poteva più vedere queste capigliature bionde... le facevano male agli occhi».

È l'Africa che canta la diletta / La mattinata a colpi di cannone). [....] Balza l'Italia dal suo sonno... e trova / lo stivaletto pieno di soldati!»[25]. I soldati vengono definiti «di sangue e di coraggio» e l'Italia rappresentata come donna "riverente" accostata alla Madonna. Si pensi anche a *Figli d'alleati* (il titolo della versione inglese del testo pubblicata sul «Times» il 28 ottobre 1916 è *Children of allies*), nell'edizione del 1921. I due testi, nella versione italiana e in quella inglese, compaiono affiancati. «Il rombo tonante del fuoco s'udia di lontano; / Ella tremava. Ed egli le prese la mano. / –"*Pourquoi donc tremule-tu si fort.* / "*Fillette d'Italie*? / "*Serait-ce que tu crains...la mort?..*" / – L'amor... L'amor? diss'ella ed arrossì. / "Anche in Italia noi diciam così!"»[26].

Nell'anno de *I divoratori*, Annie Vivanti scrive una serie di testi di carattere politico, che avranno certo meno successo rispetto alle opere precedenti, ma che connoteranno il suo impegno in campo politico, in difesa dell'Italia, contro l'Inghilterra allineata al resto d'Europa. *Italy* viene pubblicata sul «Times» il 2 dicembre 1911 e in seguito inserita nell'edizione del 1921: «*My Lady Italy, when thou art gay / Decked as a maiden for a holiday / In thy tri-colour's bright resplendency – / (Oh white and red and green resplendency!) / Then do they northern lovers flock round thee. / Then to thy northern poets sing to thee, / And search their chilly language through to find / Flattery Latin–sweet to bring to thee. / The only thine own children are unkind*»[27]. La poesia che in italiano viene poi pubblicata sul «Corriere della sera»[28], definita dalla poetessa "la mia difesa d'Italia", sarà relegata in uno spazio

25. A. Vivanti, *Il Natale d'Italia*, in Ead., *Lirica*, cit., vv. 20-5 e 28-9, p. 227.
26. A. Vivanti, *Figli d'alleati*, in Ead., *Lirica*, cit., vv. 12-8, p. 232.
27. A. Vivanti, *Italy*, in Ead., *Tutte le poesie,* cit., vv. 1-9, p. 259.
28. *Una canzone di Annie Vivanti contro la campagna anti-italiana*, «Corriere della sera», n. 334, 3 dicembre 1911, p. 2.

limitato e chiamata "canzone" da Albertini, motivo per cui Vivanti protesterà con lui direttamente[29].

Tra le poesie vi è *Il cuore d'Italia*[30] (testo conservato presso l'Archivio storico del «Corriere della sera» a Milano) che viene pubblicato in versione inglese sul «Times» il 2 settembre del 1914 e inviato al «Corriere» nell'autunno del 1914, ma che verrà rifiutato da Albertini più propenso a pubblicare le novelle della scrittrice che testi poetici dall'evidente tono politico. Comincia una fitta corrispondenza tra i due, oggi conservata nell'Archivio storico del «Corriere della sera» a Milano, dalla quale traspare l'insistenza e la determinazione di Vivanti. Uno di questi testi rifiutati da Albertini, *To King Albert – Italian Homage*[31] troverà spazio sulle pagine de «La Grande Illustrazione», allora diretta da Sibilla Aleramo che nel numero di gennaio del 1915 pubblica la poesia con il titolo carducciano *Saluto italico*[32].

Tra le poesie sparse proposte e rifiutate da Albertini vi è anche *Fanfara italica* (testo conservato presso l'Archivio storico del «Corriere della sera» a Milano) spedita da Londra nell'ottobre 1914 al «Corriere», in due versioni in italiano con diverso finale:

Arriveranno a corsa gli Italiani
Come i carabinieri d'Offenbach.

Arriveranno a suono di fanfara
[…]
Arriveranno coi cannoni nuovi
E la pacata Europa…riderà.

---

29. Cfr. C. Caporossi, *Saggio introduttivo*, cit., pp. 65-6.

30. A. Vivanti, *Il cuore d'Italia*, in Ead., *Tutte le poesie*, cit., p. 246. Si vedano anche *Sammy (Saluto all'America)*, *Luce* e *Parlano i caduti*.

31. A. Vivanti, *To King Albert – Italian Homage* (diverrà *A tribute from Italy*), «The Times», 24 novembre 1914, p. 9; poi in Ead., *Tutte le poesie*, cit., p. 240.

32. A. Vivanti, *Saluto italico*, «La Grande Illustrazione», 1 (1915), p. 18.

[...]
Torna, Italia, a danzar la tarantella
Nulla di meglio si conviene a te.
Non coi cannoni ma coll'organetto
Sulla terra di Francia va il tuo piè.
Danza, Italia, con garbo e con decenza
Il mondo intero osserva ciò che fai:

La giravolta e poi la riverenza –
Su! L'Austria batte il tempo: "*Eins zwei drei!*"[33].

Non si deve scordare che questo filone politico della produzione poetica vivantiana non si arresta alla pagina: la scrittrice sarà promotrice alla fine del 1915 di una campagna giornalistica in Inghilterra dalle colonne del «Times» per una sottoscrizione a favore dei soldati italiani e l'anno successivo più volte si reca al fronte, ricevuta da Cadorna e da d'Annunzio[34].

Senza dubbio, la guerra di Libia e, ancor di più, la Grande Guerra hanno un ruolo fondamentale nella storia nazionale tanto da chiamare a raccolta forze di differente provenienza politica proprio in nome della "patria", un'Italia che in Europa non è, in quel momento, all'altezza delle altre potenze, popolo d'emigranti, in cerca di nuove terre oltremare. Nel 1912, Matilde Serao pubblica *Evviva la guerra!*[35], opera scritta per la guerra di Libia che raccoglie il testo della conferenza dall'omonimo titolo e alcuni articoli sulla guerra libica pubblicati dall'autrice nel «Giorno di Napoli» e nel «Giornale d'Italia». La conferenza fu letta per la prima volta da Matilde Serao il 3 maggio 1912, raccogliendo notevole successo. Serao rivolge un saluto

33. A. Vivanti, *Fanfara italica* – 1, in Ead., *Tutte le poesie,* cit., pp. 242-243.
34. C. Caporossi, *Saggio introduttivo*, in Vivanti, *Tutte le poesie,* cit, p. 69.
35. M. Serao, *Evviva la guerra!*, cit.

ai morti di Libia; a tutti i soldati che hanno lottato per la patria, provenendo dai luoghi più diversi e remoti:

> Con cuore fremente di un'intima emozione che sempre si rinovella, ad ogni loro nome rammentato, a ogni loro ricordo evocato, salutiamo coloro che morirono, laggiù, offrendo alla Patria, come in una coppa mirabile, il dono più prezioso che si possa farle, il loro sangue vermiglio. [...] E con animo anche più affettuoso e dolente, salutiamo, fra i morti di Libia, i semplici soldati, i modesti soldati, gli oscuri soldati che, a centinaia, han dato la loro vita, perché la parola Italia, oramai e più che mai, significasse, anche, indomito coraggio, magnifico valore, sublime disinteresse[36].

La celebrazione degli eroi caduti sul campo si alterna con i ricordi personali relativi ai momenti in cui l'Italia entrò in guerra: la scrittrice si trovava a Parigi e reagì con entusiasmo alla notizia, convinta che la guerra potesse riunire tutto il popolo. Era il momento per l'Italia di superare se stessa e di portare a termine un gesto eroico che avrebbe suggellato una nuova epoca, grazie all'amor patrio e ad una nuova figura di "italiano", pronto a lasciare la sua grigia quotidianità in nome di un più grande disegno. È evidente come confluiscano in questo testo temi e motivi al centro della retorica nazionalista, ma – ed è questo il tratto distintivo dell'intervento – coniugati con un pacifico interclassismo che fa della guerra un'occasione di affratellamento generale e che ricorda il Pascoli de *La grande proletaria si è mossa*[37], anche se mancano qui il concetto di nazione proletaria e l'idea degli "italiani, brava gente"[38]. D'altra parte, fin dagli anni giovanili, si trova

36. Ivi, p. 9. Questo brano viene poi pubblicato in *La grande illusione: opinione pubblica e mass media al tempo della guerra di Libia*, cit., p. 308.

37. Cfr. *La grande illusione: opinione pubblica e mass media al tempo della guerra di Libia*, cit., pp. 305-308.

38. Ivi, p. 307.

nei suoi scritti il ricorrere del termine “popolo”, decisamente preferito a quello di “nazione”:

> Al popolo nessuno parla di patria e di libertà, nessuno gli dice che ha dei diritti, nessuno gli suggerisce la parola eguaglianza; il popolo non sa la storia e niuno cura d’insegnargliela, eppure il popolo si solleva, combatte, cade, risorge, è glorioso: una canzone patriottica lo ha infiammato, ne ha risvegliato il valore e sostenuto il coraggio. Nel 1860 vennero fuori mille canzoni di guerra, senza sapere chi ne avesse gettata la prima nota; al loro suono sorgevano i soldati dalla terra, i giovani ed i vecchi sentivano per le vene un fremito, i cervelli si mettevano in tumulto, le mani correvano all’armi; e si moriva, si moriva con la gioia negli occhi ed il canto sul labbro. Anche adesso, dopo tanti anni, dopo che l’Italia è compiuta, dopo che tante febbrili illusioni sono svanite, al risentire quei canti gli occhi si riaccendono ed il cuore si solleva. Bonaparte il grande, prima d’inebbriare i suoi soldati con la polvere ed il fuoco, li inebbriava con le canzoni popolari; è la canzone popolare che, insieme alle teorie dei filosofi, crea la presa della Bastiglia e la rivoluzione francese; essa è un’arme contro il tiranno, contro il cattivo governante, un’arme che vale più del fischio, più dell’urlo, più della pietra; perché il fischio, l’urlo, la pietra significano l’individuo e la canzone significa la massa, il numero e la forza[39].

Fin dagli anni giovanili, in *Dal vero*, raccolta di bozzetti e prose, Serao elabora una serie di riflessioni intorno al concetto di diritto del popolo, facendo poi della questione femminile un discorso politico centrale per la realtà sociale italiana:

> Nel novembre venturo, quando si discuterà la legge sulle elezioni comunali e provinciali, i deputati *emancipatori* faranno molti passionati discorsi. Essi diranno, per la milionesima volta, che la civiltà italiana differisce poco da quella ottentotta per quanto riguarda la donna; che l’Europa ci guarda (non sa far altro, po-

39. M. Serao, *La canzone popolare*, in Ead., *Dal vero*, Perussia & Quadrio, Milano 1879, pp. 16-7.

> vera Europa!); che per formare la felicità delle donne italiane, bisogna conceder loro il voto amministrativo. La Camera esita; poi si turba, si commuove al quadro straziante delle donne italiane pronte a suicidarsi, se vien loro negato il voto, ed il voto è accordato. Ma questo non basta - non basta dare un diritto senza fornire l'occasione di farlo esercitare. Quindi il governo farà bene a sciogliere tre o quattro municipii, o i municipii avranno lo spirito di sciogliersi da sé stessi. Mi figuro allora che cosa vorrà succedere[40].

Non solo, ma nel 1916, in piena guerra, Serao darà alle stampe le pagine di un diario, *Parla una donna. Diario femminile in guerra*, una *summa* del pensiero sulle donne di Serao. Il volume è dedicato a tre dei suoi quattro figli, che erano in quel momento al fronte: qui la scrittrice ribadisce una rigida gerarchia al femminile, di cui l'ultimo posto spetta alle deboli, colpevoli di non aver tentato alcuna strada per affermarsi. Le "colpe" delle donne italiane vengono messe a fuoco: l'associazionismo innanzitutto. In parte antiemancipazionista, ma soprattutto anticonformista, Serao si scaglia contro la figura della madrina del soldato, così presente in Francia ancor prima che in Italia, elogia le "oscure eroine" e le "contadine d'Italia" che hanno raddoppiato e triplicato il loro lavoro quotidiano durante la guerra e critica fortemente quelle che lei chiama le "inette a vivere", le donne che muoiono per amore e che nell'amore per un uomo riassumono l'intero senso della propria esistenza. L'Italia, in quegli anni[41] paese ancora estremamente arretrato riguardo alla questione dei diritti e doveri delle donne, emerge prepotentemente dalle pagine di questo

40. M. Serao, *Votazione femminile*, in Ead., *Dal vero*, cit., p. 33.

41. Si veda Neera, *Una giovinezza del XIX secolo*, Cogliati, Milano 1919. Qui la scrittrice parla tra l'altro di una tradizione al femminile e cita, a questo proposito, la figura di Margherita di Savoia, "figlia del nostro sangue", "fiore della nostra stirpe".

diario *sui generis*, mostrando i mille volti di una realtà socio-culturale in rapida trasformazione.

La voce di Serao non resta isolata nel panorama di inizio Novecento. Ada Negri pubblica nel 1912 su «La Lettura» due poesie, *La Vergine e l'eroe* e *La Vergine e il Falco*[42], dedicate al conflitto libico; lo stesso quotidiano segnala la presenza in questo numero della «Lettura» di due poesie della Negri «di una altissima e fresca ispirazione nobilmente espressa in magnifiche quartine». Nel primo componimento, *La Vergine e l'eroe*, si rende omaggio ai soldati morti a Sidi-Messri, caduti «ai piedi del tronco d'una palma, fra l'oasi e il mare». A parlare nel testo è la «fidanzata della morte», che disperata piange «d'eroe sepolto tra le sfingi e il mare», il giovane eroe «che della morte ride»:

> Passar ti scorsi, e non è lunge il giorno,
> col tuo squadrone e il tuo vessillo, ardendo
> di magnifico ardire, in te splendendo
> la patria, e giovinezza a te dintorno[43].
>
> [...]
>
> Io sposa nella tua patria, in sacro
> silenzio, in duolo insonne, la votiva
> lampada accendo; e veglio; e, fin ch'io viva,
> me a te, gloriosa Ombra, consacro[44].

La patria si coniuga con la religione della famiglia, secondo schemi noti. Nel secondo componimento, *La Vergine e il Falco*,

42. A. Negri, *La Vergine e l'eroe* e *La vergine e il falco*, «La Lettura», supplemento al «Corriere della sera», 4 gennaio 1912, pp. 18-19; ora pubblicate in *La grande illusione: opinione pubblica e mass media al tempo della guerra di Libia*, cit., pp. 297-302. *La vergine e il falco* viene pubblicata nella raccolta *Esilio* del 1914 ed appare con numerose varianti rispetto alla versione uscita in rivista, nel volume *Poesie*, Mondadori, Milano 1966, pp. 542-544.

43. Negri, *La Vergine e l'eroe*, cit., vv. 9-12.

44. Ivi, vv. 65-68.

l'attenzione è rivolta all'uso dell'aviazione militare. Viene qui esaltato il coraggio dell'aviatore, che come un falco si abbatte sulla preda: «Io voglio te, che armi la tua sorte per guerra, e il sol di sfidar sei degno»[45].

Senza dubbio, però, il testo che meglio riassume questo singolare connubio tra amor di patria, religione della famiglia e maternità dolente è *La madre*[46]. In questa lirica, pubblicata per la prima volta il 24 gennaio sulle pagine dell'«Illustrazione italiana», Ada Negri rievoca la morte di un giovane al quale era profondamente legata (il figlio dell'amica Margherita Sarfatti) caduto nel 1911 a Sciara-Sciat, durante la guerra di Libia:

> Non piango, no. – So ben che tu non vuoi,
> figlio. Il cuore impietrò sotto le bende
> nere, il tacito cuor che non t'attende
> più. Non si piange sui caduti eroi.
>
> Un nome s'incavò nella memoria:
> Sciara-Sciat. – Là piombasti, in una pozza
> di sangue; e ti fu poi la testa mozza,
> figlio!... – Non piango, no. – Questa è la gloria.
>
> Tante madri a quest'ora hanno il mio cuore
> di pietra, e la mia faccia d'agonia!....
> .... Tacciono. Così volle, – e così sia, –
> la Patria, amor che vince ogni altro amore[47].

Emerge prepotente un profondo dolore, un "morire due morti", un atteggiamento di forza e di obbedienza al superiore volere della Nazione. «Non piango, no», si ripete la madre. E ancora: «Madre d'eroe non piange». La descrizione della guerra, che nei versi centrali della lirica si fa sempre più ser-

45. Ivi, vv. 53-56.
46. A. Negri, *La madre*, in Ead., *Esilio,* [1914],Treves, Milano s. d.
47. Negri, *La madre*, in Ead., *Esilio*, cit., vv. 1-12, pp. 161-162.

rata, si risolve in un'espressione di dolore: «Passa la guerra, e i giovinetti eroi / nella ràffica invola, ed il perché // non dice a noi, pallide madri. Passa / e prende. A rullo di tamburo, a squillo / di tromba, all'ombra ardente del vessillo, / a ritmo d'inni e di mitraglia, ammassa // e lancia a torme i figli nostri, i figli / nostri»[48]. Il testo si chiude con il sovrapporsi dell'amor patrio all'amor materno, con l'elaborazione di una maternità dolente votata al sacrificio: «Che altro io potrei darti, o Patria grande?... / vuota è la casa, spento il focolare: / la cenere io raccolsi sull'alare / e con essa formai le mie ghirlande»[49].

Se Croce nel 1906 aveva descritto l'opera di Negri quale sogno di una poesia sociale, definita "missionaria", unita però all'insufficienza dell'elaborazione artistica[50], oggi una lettura dei suoi testi sembra ancor più necessaria allo scopo di ristabilire con la giusta distanza il peso e lo spessore della sua esperienza poetica. Certo è che la nota crociana – e ancor prima quella pirandelliana[51] su *Tempeste* – segnerà indelebilmente l'orientamento della critica successiva, condizionandone il giudizio.

Tempeste si chiude non a caso con l'immagine della grande marea-folla che sembrerebbe esaurire il ciclo della poesia

48. Ivi, vv. 27-33, p. 163.

49. Ivi, vv. 41-44, p. 164.

50. B. CROCE, *Ada Negri. Note sulla letteratura italiana*, «La Critica», 4 (1906), 21, pp. 413-30, a p. 419. Cfr. A. FOLLI, *Penne leggere. Neera, Ada Negri, Sibilla Aleramo. Scritture femminili fra Otto e Novecento*, Guerini, Milano 2000, pp. 111-171.

51. L. PIRANDELLO, *Sulle* Tempeste *di Ada Negri*, «La Critica», 23 gennaio 1896 ora in Id., *Saggi e interventi*, a cura e con un saggio introduttivo di F. Taviani e una testimonianza di A. Pirandello, Mondadori, Milano 2006, pp. 119-122: «Ada Negri, con la fama che le hanno costituita, non poteva intitolare altrimenti un suo libro di versi: o tempeste, o uragani, o terremoti, o fulmini, o ira di Dio».

sociale, dai *Vinti*[52] al *Canto della zappa*[53]. In *Esilio*, però, opera pubblicata nel 1914 e accolta da numerose recensioni – si tratta di un successo basato sul consenso popolare e non su quello della critica – Negri prosegue sulla medesima strada. In *Emigranti*, l'Italia acquista una dimensione più intima, "luogo degli affetti", orizzonte comune che unisce tutti e per tutti rappresenta consolazione e conforto. Non c'è traccia della retorica nazionalista, semmai il tema riporta alla mente i poemetti pascoliani e, in particolare, i versi di *Italy*:

> Pòsati, adesso!... Getta il sacco a terra.
> C'è un po' d'Italia, qui. Spezza il mio pane.
> Io parlerò con te delle lontane
> messi che splendon sulla nostra Terra[54].
>
> [...]
>
> Nella pace dell'àgape fraterna
> ritroverem la patria; e nell'amore
> che il tuo pallore fa uguale al mio pallore,
> celebrerem la sua bellezza eterna[55].

Nel 1918, a guerra conclusa, Negri dà alle stampe una serie di testi in prosa, con il titolo di *Orazioni*[56], dedicati alla patria e alla memoria di Alessandrina Ravizza, Luigi Majno e Roberto Sarfatti, il figlio di Margherita che considerava suo protetto. Si tratta di scritti civili che ripropongono i toni della retorica na-

52. A. Negri, *Vinti*, in Ead., *Fatalità*, Treves, Milano 1911. Si vedano i versi 1-4, p. 61: «Sono cento, son mille, son milioni. / Son orde sconfinate. / Sommesso rombo di lontani tuoni / Han le file serrate».

53. A. Negri, *Il canto della zappa*, in Ead., *Fatalità*, cit. Si vedano i versi 49-52, p. 57: «Fino a l'azzurro ciel tutto un tumulto / Di rozze voci umane / Salirà come un inno ed un singulto: / "Pace!... lavoro!... pane!...."». Cfr. A. Folli, *Penne leggere*, cit., p. 136.

54. A. Negri, *Emigranti*, in Ead., *Esilio*, cit., vv. 25-8, p. 125.

55. Ivi, vv. 77- 80, p. 128.

56. A. Negri, *Orazioni*, Treves, Milano 1918.

zionalista, come d'altra parte accadeva nei testi poetici citati, ma senza risultati di particolare valore.

Anche nella produzione di un'autrice come Amalia Guglielminetti, è possibile rintracciare alcune interessanti consonanze con le esperienze fin qui analizzate. Nel 1910 d'Annunzio[57] regala una copia del suo *Forse che sì forse che no* alla poetessa con questa dedica: «Ad Amalia che con sì fiera melodia canta la sua novità». Pochi anni prima, nel 1903, anno emblematico che segna l'avvio della poesia novecentesca con la pubblicazione delle *Laudi* dannunziane, Guglielminetti esordisce con il volume *Voci di giovinezza*[58] che non riscuote alcun successo. Compaiono qui alcuni componimenti filo-dinastici – si ricordano, in particolare, quello dedicato al monumento ad Amedeo di Savoia, duca d'Aosta e l'ode celebrativa in onore della principessa Jolanda di Savoia, già apparsa nel 1901 sulla «Gazzetta del popolo della domenica» – dove viene lodato il "giglio sabaudo". Non manca una canzone sulla pace che, come scrive Marziano Guglielminetti, «rischia di fare della poetessa un epigono scolastico di Carducci e del D'Annunzio eroico»[59].

Nonostante il mancato successo dell'opera, la poetessa elabora con determinazione la sua poetica, già in parte espressa in un sonetto quale *Sogni e ricami*, in cui afferma con forza

57. Pitigrilli, *Amalia Guglielminetti*, Modernissima, Milano 1919, p. 9: «– Aspetto l'unica poetessa che abbia oggi l'Italia – disse Gabriele D'Annunzio un mattino invernale del 1912 a Tito Ricordi attendendo all'Hotel d'Europa di Torino la giovine poetessa Amalia Guglielminetti, che andava a rendere omaggio al suo grande Maestro. — Vorrei essere la vostra "Lucina ideale!" – le disse poi il Poeta, mentr'ella si accomiatava, dopo averle espressa la sua ammirazione più convinta». D'Annunzio la definirà «l'unica poetessa che abbia oggi l'Italia».

58. A. Guglielminetti, *Voci di giovinezza*, Roux e Viarengo, Torino-Roma 1903.

59. M. Guglielminetti, *Amalia, la metrica dell'io*, in *Les femmes-écrivains en Italie (1870-1920): ordres et libertés. Actes du Colloque, Paris... 1994*, «Chroniques italiennes», 39-40 (1994), pp. 103-16: p. 108.

la volontà di sottrarsi ai lavori femminili, per dedicarsi interamente alla scrittura. Non casuale il riferimento al modello dantesco nel testo *Ultima voce*, come rileva Marziano Guglieminetti[60]:

Come Matelda del dantesco mito
– cantando ed isceglìendo fior da fiore –,
l'Anima in suo giovanile ardore
peregrinò per un cammino ardito

Se un qualche mito spirto ha seguito
intento a la mia voce e questo albore
di poesia non chiamò fervore
folle, per lui mi fu il cantar squisito[61].

Nel 1907, la successiva raccolta, *Le Vergini folli*[62], avrà tutt'altro destino; opera che raccoglie ritratti di donne, nato dall'esperienza biografica dell'autrice educata in un istituto religioso per fanciulle, le Fedeli Compagne di Gesù, il volume, una sorta d'itinerario intimo nella quotidianità della verginità claustrale, regala finalmente alla poetessa l'attenzione dovuta e sarà anche motivo di scambio e poi d'incontro con Guido Gozzano, con il quale nascerà una tormentosa relazione:

Ma voglio subito dirle grazie del volume *non ricevuto* e che già posseggo fin dal giorno 19 (memorabili le date delle gite a Genova, in questa solitudine obbligatoria!). E forse la copia fraternamente speditami è stata trattenuta da mia sorella, a Torino; e

60. Ivi, p. 107. Si vedano anche M. Guglielminetti, *Amalia. La rivincita della femmina*, Costa & Nolan, Genova 1987 ora in Id., *La musa subalpina: Amalia e Guido, Pastonchi e Pitigrilli*, a cura di M. Masoero, Olschki, Firenze 2007 e Id., *Amalia Guglielminetti: "Vergine folle" o "femminista"?* in *La fama e il silenzio. Scrittrici dimenticate del primo Novecento*, a cura di F. De Nicola e P. A. Zannoni, Marsilio, Venezia 2002.

61. A. Guglielminetti, *Ultima voce*, in Ead., *Voci di giovinezza*, cit., vv. 1-8, p. 214.

62. A. Guglielminetti, *Le vergini folli*, Società Tip. Ed. Nazionale, Torino-Roma 1907.

> ne sono contento. Ho letto il suo libro. E me l'hanno riletto gli amici (Giuseppe De Paoli, fra gli altri) ieri mattina in una traversata da S. Giuliano a Portofino: il suo volume viaggiava con noi, su d'una vecchia paranza peschereccia (e Lei non lo sapeva!). Rossi leggeva a voce alta: e le sue rime avevano un fascio di corde per leggio e il mare per commento. E Lei non lo sapeva! I miei amici ne parleranno sul Caffaro e sul Sec. XIX. Io ne parlerò sulla Rassegna Latina (bellissima cosa nascitura) e gliene parlerò nella lettera di posdomani. Arrivederla, dunque, e mille affettuosi ossequi. Guido Gozzano[63].

Le seduzioni, opera successiva pubblicata nel 1909, registra una nuova narratività – si ripercorre la storia d'amore con Gozzano – insieme ad una sperimentazione metrica della terzina dantesca che presenta elementi di una certa novità, se si pensa che la prima parte dell'opera è composta da sonetti e che la produzione precedente sembrava svilupparsi secondo il modello petrarchesco: «la Guglielminetti dimostra infatti la propria abilità nel maneggiare il sonetto (*Le vergini folli* e *Le seduzioni*), la terzina dantesca (*Le seduzioni*) e il distico elegiaco – rielaborato in parte ispirandosi a Gozzano – (*L'insonne*)»[64]. La novità metrica non è la sola, poiché vi è fin dai primi versi una definizione molto audace dell'identità dell'io-poetico: *Quella che va da sola* è il titolo della sezione che apre la raccolta, manifesto di poetica e dichiarazione d'intenti che investe la scrittura e l'identità dell'autrice: «Colei che ha gli occhi aperti ad ogni luce / e comprende ogni grazia di parola / vive di tutto ciò che la seduce»[65]. Quest'opera si concentra sulla definizione di un profilo d'autrice che continuamente sfugge

63. *Lettere d'amore di Guido Gozzano e Amalia Guglielminetti*, prefazione e note di S. Asciamprener, Garzanti, Milano 1951, p. 28.

64. M. Guglielminetti, *Amalia, la metrica dell'io*, cit., pp. 103-116.

65. A. Guglielminetti, *Le seduzioni*, in Ead., *Le seduzioni*, [1909], a cura di V. Zaccaro, Palomar, Bari 2001, vv. 1-3, p. 33.

ad un'univoca definizione: l'ambiguità sembra essere la caratteristica preponderante, il segno distintivo di una ricerca che non approda a risultati ben definiti. Non a caso i riferimenti politici sono del tutto assenti, numerose invece le dichiarazione di non-appartenenza e di estraneità al contesto sociale. Se è vero, come afferma Zaccaro nell'*Introduzione* all'ultima edizione dell'opera, che sono «numerose le donne che in quegli anni praticano lo spazio aperto della politica e della cultura, ma lo attraversano con "ambiguità"»[66], è vero anche che in anni in cui forte è il richiamo al nazionalismo e alla retorica di stampo dannunziano questi testi "stonano" la nota che sembrano voler riprodurre. Nelle poesie che concludono la raccolta – si pensi a *Vagabondaggi* («Vagar pel mondo, sole, ove ci spinga / il capriccio del giorno o del momento»[67]) o *L'altro volto* («Tu, chiusa nello specchio, mi somigli, / sei forse un'altra me, ma sempre come / una straniera, tu mi meravigli»[68]) o ancora *Per Ada Negri* («Le catene cambiai con due monili»[69]) o *La mia voce* («Io non volli cantar, volli parlare, / e dir cose di me, di tante donne»[70]) – il soggetto poetico si fa corale e la questione dell'identità femminile, seppure in modo ambiguo[71], prende forma nei versi fino a dominare la scena e a oscurare il discorso nazionale con la negazione di ogni appartenenza.

66. V. Zaccaro, *Introduzione*, in A. Guglielminetti, *Le seduzioni*, cit., p. 8.

67. A. Guglielminetti, *Vagabondaggi*, in Ead., *Le seduzioni*, cit., vv. 1-2, p. 195.

68. A. Guglielminetti, *L'altro volto*, in Ead., *Le seduzioni*, cit., vv. 9-11, p. 196.

69. A. Guglielminetti, *Per Ada Negri*, in Ead., *Le seduzioni*, cit., v. 12, p. 201.

70. A. Guglielminetti, *La mia voce*, in Ead., *Le seduzioni*, cit., vv. 5-6, p. 202.

71. Nel 1908 Amalia Guglielminetti partecipa al primo Congresso nazionale femminista tenutosi a Roma. Dalla lettera che invia a Gozzano il 30 maggio di quell'anno si può desumere la sua posizione ambigua e fortemente polemica nei confronti di quella «gente sprovvista di ogni grazia e d'ogni eleganza di spirito» tanto da arrivare a descrivere l'aspetto di Sibilla Aleramo vicino a quello di «una governante che porta i panni smessi della padrona», «una massaia» con la faccia florida e inespressiva.

Nella raccolta antologica *I serpenti di Medusa*, pubblicata molto più avanti, nel 1934, in piena epoca fascista (in cui la scrittrice propone un'ampia scelta di versi tratti da *Le seduzioni*, *Le vergini folli*, *Emma* e la canzone *In memoria del pilota G. Chavez*) compaiono toni e modalità di canto della fase giovanile:

Tutta Italia fu un cuore e fu un amore
per te giovine Eroe, per te solo
che ieri ancora eri fra noi straniero,
per te che soffocato dal tuo cuore
morivi. Per te solo
che folgorato a un tratto nel mistero
dei chiusi cieli, senza dire quale
lotta ti vinse, in mezzo al nostro duolo
morivi ed ignorammo di che male.
E ogni donna da presso e da lontano
baciò in sogno la tua gelida mano.

Ognuna pianse sopra la tua spoglia
tepida ancora di tue azzurre vene,
fu per te madre, fu per te sorella,
fu per te amante, e venne alla tua soglia,
col suo passo più lene,
venne a guardare la tua morte bella[72].

Tornano in questo testo, pubblicato su «La Stampa» nel 1910, all'indomani della tragica fine del pilota peruviano sulle nostre Alpi, la figura del giovane Eroe pronto a tutto, l'idea della morte bella e l'immagine dell'Italia violentata e conquistata dallo straniero, tutti *topoi* del discorso identitario italiano

72. A. Guglielminetti, *Per la morte di Geo Chavez*, in Ead., *I serpenti di Medusa*, [1934], Artiglio, Mantova 2004. Il testo è preceduto dalla seguente dichiarazione: «Questa Lirica – la prima scritta in Italia, in lode di un aviatore – fu pubblicata sul giornale «La Stampa» di Torino pochi giorni dopo la morte di Geo Chavez, il pilota peruviano che primo valicò a volo le nostre Alpi e cadde col suo apparecchio a Domodossola. Morì dopo una lunga agonia e fu sepolto a Parigi. Sull'Alpe ov'egli cadde esiste una stele marmorea che lo ricorda».

selezionati e riproposti ad arte in un contesto profondamente mutato nel quale la letteratura si fa sempre più propaganda al servizio del regime.

Il mito "debole" dell'Italia unita si fa ad inizio Novecento anche necessariamente ambiguo e sfuggente, come nelle esperienze qui attraversate e analizzate, mostrando due facce dello stesso fenomeno storico-culturale, tra ricerca della tradizione e eversione degli schemi, affermazione dell'identità femminile della scrittura e adesione ad un concetto neutro di Arte in grado di legittimare ruoli non completamente condivisi. Si tratta, però, di un'ambiguità vitale che porterà frutti importanti, nella poesia e nella storia della cultura successive, non tanto in epoca fascista quanto nel secondo Novecento, quando le forze in campo sapranno modificare dalle fondamenta il concetto di "Patria", per disgregarlo, rimodularlo e declinarlo in infinite varianti, con effetti dirompenti, ma anche con un impercettibile, eppure presente, senso di continuità.

L'Italia "giovane e forte" del ventennio. Generi, temi e figure tra letteratura e giornalismo

O Patria ogni tua età
s'è desta nel mio sangue
Sicura avanzi e canti
sopra un mare famelico
(G. Ungaretti, *Popolo*)

La gentile ragazza mi parve una bella pianta d'Italia, nel giardino del dovere.
(C. E. Gadda, *Tripolitania in torpedone*)

In epoca fascista, le giovani generazioni rappresentano una forza essenziale per il progetto propagandistico mussoliniano, la "leva" da usare per conquistare e piegare la volontà di massa, il cosiddetto consenso che, in realtà, come fa notare Labanca, è un concetto contraddittorio dal momento che non fu possibile manifestare alcun dissenso se non ad altissimi costi. Negli anni Venti e Trenta, in particolare dal 1925 in poi, prende forma l'inquietante "macchina" fascista della propaganda: letteratura e giornalismo vengono stretti nella morsa di ciò che si deve dire, scrivere, urlare a gran voce. Si perdono in questo progetto forzato e calato dall'alto il diritto alla libera espressione e con esso le sfumature della scrittura, la sperimentazione, la vera ricerca. Emerge uno scenario apparentemente rigido e grigio dove, però, a cercare tra le trame del complesso disegno d'insieme, possono individuarsi i segni di quel conflitto generazionale che segretamente anima anche la particolare stagione storico-culturale del colonialismo italiano, negli anni che vanno dall'affermazione del fascismo allo scoppio della seconda guerra mondiale. Qui, in questo snodo storico, risiede una delle fasi più discusse e contraddittorie della storia italiana del Novecento:

> È possibile allora dire che rispetto al passato liberale l'azione coloniale dei primi governi Mussolini fu ispirata ad una miscela di continuità e novità: nel complesso fu però quest'ultima a prevalere. Lo dimostrano il rilievo dato da quei governi al tema coloniale, rispetto all'importanza secondaria accordatagli dai governi prefascisti, e di nuovo la preferenza immediatamente concessa alla maniera militare rispetto a quella politica tentata nel primo dopoguerra, ad esempio nei rapporti con gli arabi di Libia[1].

I "padri" fissano sulla carta i principi che la nuova letteratura deve osservare, tracciano la mappa di un nuovo genere letterario a venire, quello del romanzo coloniale, meticolosi indicano i caratteri di un intero sistema culturale, impartiscono la lezione senza attendere repliche, fondano nuove facoltà universitarie, indicono giornate di studio e manifestazioni. I "figli", da perfetti giovani eroi dell'avventura coloniale italiana, partecipano obbedienti, attraversano il mare, giungono in colonia, e rispettosi impugnano non solo la spada, ma anche la penna. Eppure, qualcosa non funziona in questo disegno, se si pensa che il fallimento del progetto sarà già evidente all'indomani del conflitto etiopico. I giovani muoiono in Africa o tornano cambiati, giornalisti o scrittori, o anche spesso scrittori-giornalisti, scrivono fiumi di inchiostro, ma non "l'opera nuova" attesa dai padri.

---

1. N. Labanca, *Oltremare. Storia dell'espansione coloniale italiana*, Il Mulino, Bologna 2002, pp. 151-152.

Nel 1926, viene fondata l'Opera Nazionale Balilla, volta a inquadrare la gioventù fascista in un rigido disegno educativo che di fatto rappresentava una preparazione premilitare. Nello stesso anno, «Esotica», mensile di letteratura e valorizzazione coloniale, diretto da Mario Dei Gaslini, apre il primo numero proprio con un appello ai giovani, una sorta di Manifesto rivolto agli scrittori esordienti perché "facciano" la letteratura coloniale:

> «Bisogna fare la letteratura coloniale, partire, vedere, amare, descrivere; [...] un pugno di giovani vuole l'Italia grande anche al di là del mare»: questo dichiara il gruppo redazionale di «Esotica», rivolgendosi direttamente ai giovani scrittori, chiamati a farsi portavoce di ciò che Mussolini aveva definito "imperialismo spirituale"[2].

Nell'articolo di apertura del numero successivo, Dei Gaslini esorta gli africanisti ad unirsi e, in particolare, i giovani a valorizzare i possedimenti coloniali, in quanto «riserva intellettuale della Patria». In questa occasione, il direttore di «Esotica», nonché scrittore coloniale, distingue e mette a confronto le due generazioni, da una parte quella dei vecchi «del democraticismo pentito», dall'altra quella dei giovani dall'anima nuova:

> La nuova Italia coloniale non sarà certamente fatta dai vecchi del democraticismo pentito ma sarà la palestra dei giovani, di quelli che nell'avanguardismo hanno acquistata l'anima nuova, di quelli che non vanno a caccia di posticini da banco lotto o di pensioncine dopo quarant'anni di lavoro. Il nuovo italiano (aviatore - podista - ardito - boxeur - armatore - cavaliere) non chiede percentuali sui sacrifici che sopporta o sovramercedi per le ore straordinarie di lavoro. Arnaldo Mussolini, in un articolo

2. Il gruppo di Esotica, *Gruppo artisti e imperialisti coloniali. Appello ai giovani*, «Esotica», n. 1, anno I, 15 ottobre 1926, p. 37.

> saggio e indimenticabile, ha già esaltato il rischio, l'amore d'avventura, la corsa all'ignoto, la straordinaria fede nelle proprie forze e nella propria volontà. L'italiano nuovo è questo: vuole questo: è fatto di questo: il resto rimanga pure in Italia a gremire le case popolari e ad appollaiarsi sulle scarne pensioni statali. I nuovi andranno via, lontano, a trasformare i nostri scatoloni di sabbia in città floride, grandi, operose, granai ed orzai d'Italia, a costruire nuove fortune con più gravi fatiche, lieti perché animati dallo spirito spavaldo e nuovo che nel lavoro con gioia trova la sua massima nobiltà.
> Le colonie non sono né terre promesse né morgane inconsistenti celanti disastri o male sorprese, sono palestre che da anni aspettano quella gioventù italiana che senza il fascismo sarebbe rimasta scettica e cieca. Adesso è l'ora di agire[3].

Si delinea così una costante tematica che tornerà con insistenza sia negli scritti di carattere giornalistico, sia in quelli di natura più letteraria. All'interno della stessa rivista, sono presenti racconti e scritti[4] sul medesimo tema e ciò si nota anche nello spazio dedicato alle recensioni, intitolato *Dal torchio alla recensione*. Qui, nel numero del 15 dicembre 1926[5], nella presentazione di una raccolta poetica (*Passi nell'ombra* di Enrico Arnaldi) si afferma lo stretto nesso esistente tra la poesia e la valorizzazione delle giovani generazioni.

Anche in un'altra rivista dell'epoca, qualche anno più tardi, l'argomento è oggetto di dibattito negli articoli che si susseguono nei diversi numeri. «L'Oltremare», mensile dell'Istituto

3. M. Dei Gaslini, *Nuova araldica coloniale*, «Esotica», n. 2, anno I, 15 novembre 1926, pp. 3-4.

4. Cfr. C. M. Boesmi, *Osare*, «Esotica», n. 1, anno I, 15 ottobre 1926, p. 39. Si veda anche dello stesso autore, *Risveglio di giovinezze*, «Esotica», n. 2, anno I, 15 novembre 1926, pp. 42-3: nell'articolo si esorta a diffondere la passione coloniale tra i giovani: «occorre che tutta la gioventù italiana sia un esercito solo». Si afferma, a questo scopo, la necessità di una rivoluzione della scuola.

5. Recensione senza titolo e senza firma, «Esotica», n. 3, anno I, 15 dicembre 1926, p. 49. Il testo recensito è il seguente: E. Arnaldi, *Passi nell'ombra*, (Liriche), Edizioni del Gruppo Letterario Piemontese, Torino 1926.

Coloniale fascista, diretto da Roberto Cantalupo, pubblicato negli anni che vanno dal 1927 al 1934, accoglie, infatti, diversi interventi di questo tipo; dall'articolo intitolato *La propaganda coloniale tra i giovani*[6], dell'agosto del 1929, dove si sottolinea l'importanza della propaganda coloniale tra i giovani soprattutto in Italia, a quello intitolato *Educhiamo i giovanissimi*[7], del novembre dello stesso anno, nel quale sotto forma di lettera rivolta al direttore, l'autore propone la fondazione di una serie di nuovi istituti che curino l'educazione dei giovani presenti in colonia. Si tenta, cioè, di far coincidere la novità, le mire e alcune particolari caratteristiche del fascismo con i caratteri tipici della gioventù:

> Ricominciava col Fascismo il brivido della espansione, quel sottile e tormentoso senso di crescenza che hanno i giovani in buona salute, e ricominciava anche un bisogno di serietà e di precisione che ci salvava dalla faciloneria dei dieci anni precedenti. Da allora una letteratura mediterranea è rinata e si sta sviluppando con ritmo tranquillo, con una coscienza severa del proprio compito[8].

A questo tipo di interventi se ne alternano altri, nei quali la prospettiva si sposta dall'Italia alle colonie, con descrizioni accurate e il più delle volte ben documentate sugli usi e i costumi dei giovani africani, altro polo d'interesse strettamente colle-

6. S. Ilardi, *La propaganda coloniale tra i giovani*, «L'Oltremare», agosto 1929, pp. 385-7; viene, inoltre, citato l'articolo di fondo di A. Mussolini, *I giovani e le colonie*, uscito sul «Popolo d'Italia» il 1 agosto del 1929.

7. A. Vecchi Fortunato, *Educhiamo i giovanissimi. In Colonia per le Colonie!*, «L'Oltremare», novembre 1929, p. 471; l'autore si riferisce ad un suo articolo uscito sul «Popolo di Brescia» nell'aprile del 1926. Segue un corsivo redazionale in cui si commenta la lettera positivamente.

8. O. Pedrazzi, *Il Mediterraneo e la letteratura italiana*, «L'Oltremare», dicembre 1929, pp. 543-4. All'articolo, uscito anche su «Italia letteraria», seguono una lettera di P. Morotti e la risposta di R. Cantalupo; poi pubblicato in M. Venturini (a cura di), *Fuori Campo. Letteratura e giornalismo nell'Italia coloniale 1920-1940,* cit., pp. 171-5.

gato a quelli indicati, sempre in un'ottica apertamente fascista e razzista. Mario dei Gaslini, in un articolo intitolato *L'anima e il volto degli arabi libici*, scandisce la vita del giovane arabo tipico, secondo le varie età, affermando riguardo alla giovinezza:

> La sua anima si viene coprendo di cenere; il suo occhio si spegne. L'adorazione di Allah tronca in lui qualsiasi volo verso la vita piombandolo in un letargo triste e trasognato.
> La sua intelligenza viene così a limitarsi in poche formule e in vaghe cognizioni: «Dio è Dio e Maometto è il suo Profeta. Il resto è scoria inutile che il vento si porta via. Bisogna morire nella grazia del Signore; questo si richiede a chi vuol giungere sino al Paradiso, dalle donne vergini e dalle fontane d'argento»[9].

Sul versante letterario, tornano alla mente alcuni testi come *Io, povero negro* di Orio Vergani o *Azanagò non pianse* di Vittorio Tedesco Zammarano, nei quali la gioventù indigena viene descritta sempre a partire da un'ottica eurocentrica, in base alla quale si esaspera il confronto tra i due diversi mondi, delineando più la distanza che l'incontro:

> I bambini bianchi li portano, traverso cieli di topazio, le cicogne dal lungo becco. Vengono al mondo entro gli orti fecondi e i giardini profumati. Si afferma che gli angeli del buon Dio li depongano notte tempo all'ombra delle acacie fiorite.
> Cosa si racconterà ai bambini negri che domandano come son nati? Forse non lo chiedono mai. Le madri avrebbero altro da fare che rispondere a queste domande. I bambini dormono in un frastaglio d'ombra, mostrando alle mosche la pianta molle dei piedi[10].

9. M. dei Gaslini, *L'anima e il volto degli arabi libici,* «L'Oltremare», luglio 1933, pp. 287-90.

10. O. Vergani, *Io, povero negro*, Treves, Milano 1929, pp. 1-6. La prima edizione in volume è del 1928 presso Treves. Seguono le edizioni del 1929 e del 1935. Nel 1949 l'opera viene nuovamente pubblicata da Garzanti.

In ambito giornalistico, uno dei temi al centro dell'attenzione è la presenza dell'Italia in colonia; la rivista coloniale che ha, in questi anni, un ruolo di primo piano nel proporre ai suoi lettori un'ampia serie di interventi sul tema è «L'Azione coloniale» (1931-1945), diretta da Marco Pomilio: nasce il 15 gennaio del 1931 come quindicinale, dal 1932 diventa settimanale dell'Istituto Fascista dell'Africa italiana. Gli articoli più interessanti dal punto di vista letterario si trovano ovviamente in terza pagina, intitolata inizialmente *Storia, arte, cultura* (poi *Arte, cultura, turismo* e nel 1934 *Arte, cultura, propaganda*). Si segnalano, inoltre, la rassegna *I Libri coloniali del Fascismo*, curata da Pellegrineschi e le rubriche *I Libri recenti* e *Spunti e Appunti*.

Marco Pomilio, direttore del settimanale, il 24 maggio del 1931 scrive un corsivo dal titolo *Ai giovani le vie d'oltremare*[11], nel quale ribadisce la necessità di forze nuove in Africa, di giovani che però siano adeguatamente preparati alla vita coloniale e, pochi mesi dopo, interviene nuovamente, sempre in prima pagina, con un articolo di fondo, intitolato *Le forze nuove*[12], nel quale affronta la questione controversa della preparazione coloniale delle giovani generazioni.

Da una parte, dunque, è l'idea stessa di educazione fascista ad incontrare il progetto coloniale, dall'altra, fin dall'inizio degli anni Trenta si delinea un disegno preciso, secondo il quale la "coscienza coloniale" va costruita passo dopo passo, facendo leva sulle forze ritenute "nuove", i giovani certo, ma anche le donne, protagoniste di una ridefinizione dei ruoli che passa necessariamente attraverso l'avventura coloniale dell'Italia in Africa, come se il fatto stesso di possedere dei territori oltre-

11. M. Pomilio, *Ai giovani le vie d'oltremare*, «L'Azione coloniale», n. 13, 24 maggio 1931, p. 1.

12. M. Pomilio, *Le forze nuove*, «L'Azione coloniale», n. 26, 30 agosto 1931, p. 1.

mare garantisse all'Italia l'unità mai raggiunta e, cosa ancora più essenziale, un posto tra le grande potenze europee. Si tratta, per i ragazzi, di una preparazione culturale e, allo stesso tempo, militare o premilitare, in vista della grande spedizione fascista, della guerra che porterà alla fondazione dell'Impero di lì a breve.

Nel 1931, prosegue il dibattito sulla letteratura coloniale già avviato nel decennio precedente: sulle pagine de «L'Azione coloniale» si promuove un referendum rivolto agli scrittori per individuare aspetti e caratteristiche del nuovo genere coloniale che stenta, però, ad affermarsi, come nota Ercole Rivalta, in uno degli interventi che conclude e fa il bilancio del referendum:

> Noi crediamo, d'altra parte, che le forze più feconde per il nostro espansionismo debbano ricercarsi nella vita italiana di oggi. Questa servirà di base a "l'immaginazione creatrice" che Margherita Sarfatti indica come elemento indispensabile per il genere narrativo. [...] Del resto, l'insigne Direttore della «Rassegna Italiana» non è molto ottimista nel suo esame della situazione. I giovani che hanno lavorato con propositi lodevoli, non hanno ancor dato una compiuta prova del loro ingegno e delle loro possibilità. Siamo anche noi di questo parere, che cioè si debba ancora attendere una ulteriore produzione da parte degli attuali scrittori coloniali[13].

Un'attenzione particolare viene poi riservata alla Libia, più vicina geograficamente, e già mèta di un'emigrazione fortemente voluta: Mario Pozzi, nel settembre del 1931, scrive l'articolo dal titolo *La Tendopoli goliardica in Cirenaica*[14], il mese

---

13. *Referendum sulla letteratura coloniale*, V parte, «L'Azione coloniale», n. 5, 15 marzo 1931, p. 3; poi pubblicato in M. Venturini (a cura di), *Fuori Campo. Letteratura e giornalismo nell'Italia coloniale 1920-1940,* cit., pp. 192-6.

14. M. Pozzi, *La Tendopoli goliardica in Cirenaica,* «L'Azione coloniale», n. 29, 20 settembre 1931, p. 2; dello stesso autore si veda anche *Conoscere la colonia*, «L'Azione

successivo esce il pezzo di Emilio De Bono, *I giovani in colonia*[15], già in parte pubblicato su «Gioventù Fascista» e, nel numero seguente, quello di Vittorio Gorresio, inviato speciale del settimanale a Tripoli, intitolato *I Giovani Fascisti di Messina a Tripoli*[16], che dà inizio ad una serie di corrispondenze sul tema.

Altra forza chiamata in campo a sostenere l'espansione coloniale italiana è la stampa che, come è noto, già da 1925 si dimostra al completo servizio della propaganda fascista. Sempre nel 1931, viene pubblicata in terza pagina su «L'Azione coloniale» la relazione[17] tenuta da Pomilio al Congresso Internazionale della Stampa italiana a Parigi. Con il fascismo, secondo il direttore del settimanale, si è verificata finalmente la «penetrazione dell'idea coloniale nelle masse del nostro popolo». Ciò ha comportato la nascita di giornali come «Il popolo d'Italia», «Il Tevere», «L'Impero», «Il popolo di Sicilia» e la creazione di speciali pagine coloniali come su «Le Temps» (ora presenti anche in «Libro e moschetto» e «L'Italia giovane»). La tradizione del quotidiano coloniale – scrive Pomilio – già inaugurata da «L'Idea Coloniale», si sta ora consolidando. «L'Azione coloniale» ne è un esempio, il «giornale tipo di propaganda coloniale in Italia». Pomilio passa poi a descrivere minuziosamente la nascita e la struttura del settimanale, il qua-

coloniale», n. 38, 22 novembre 1931, p. 2: in questo articolo si dichiara che obiettivo centrale del fascismo è quello di «costruire nel piano concreto della realtà». Si fa riferimento agli articoli di De Bono su «Gioventù fascista» e di Camuri su «Libro e moschetto», per ribadire l'importanza della preparazione coloniale delle giovani generazioni.

15. E. De Bono, *I giovani nelle Colonie,* «L'Azione coloniale», n. 32, 11 ottobre 1931, p. 1.

16. V. Gorresio, *I Giovani Fascisti di Messina a Tripoli,* «L'Azione coloniale», n. 33, 18 ottobre 1931, p. 2; si vedano anche: V. Gorresio, *Con i giovani fascisti in Tripolitania,* «L'Azione coloniale», n. 34, 25 ottobre 1931, p. 2; e V. Gorresio, *Possibilità di produzione ed esportazione,* «L'Azione coloniale», n. 35, 1 novembre 1931, p. 1.

17. M. Pomilio, *Funzione ed efficienza attuale della stampa coloniale italiana di propaganda,* «L'Azione coloniale», n. 35, 1 novembre 1931, p. 3.

le presenta, in prima pagina, i grandi problemi dell'attività coloniale; in seconda, i materiali informativi inerenti alle colonie italiane; in terza, tutto ciò che riguarda la cultura:

> essa serve egregiamente agli scopi di propaganda che il giornale si propone giacché attira attraverso gradevoli trattazioni di letteratura o d'arte gli spiriti ancora ignari della colonia verso quest'ultima[18].

In quarta pagina vengono analizzati i problemi inerenti alle colonie straniere e compare una rubrica dedicata alle attività, alle esigenze e alle realizzazioni degli italiani all'estero. La quinta, invece, riguarda problemi di finanza ed economia. Infine, in sesta si affrontano le questioni più tecniche che coinvolgono la scienza del progresso in colonia. Pomilio sottolinea con forza l'importanza della propaganda: al primo posto – sostiene – vi è la questione dei giovani e degli studi universitari. E, a questo proposito, illustra il progetto di un supplemento mensile dedicato agli studenti universitari. Si ribadisce, inoltre, il ruolo determinante della letteratura:

> La letteratura coloniale deve essere maschia e forte, deve avere larghi orizzonti, respiro potente e sano, atmosfera limpida e ariosa; deve quindi purgarsi di tutto quel tradizionalismo coloristico falso e corrotto e di quella molle e snervante sensualità che ancora la inquinano[19].

Infine, viene ricordata l'importanza del referendum sulla letteratura, di quello bandito tra i maggiori finanzieri, banchieri e industriali e infine dell'opera portata avanti dall'Istituto coloniale fascista.

---

18. *Ibid.*
19. *Ibid.*

Molti articoli affrontano poi direttamente la questione della letteratura coloniale, tentando di definire, circoscrivere, creare, più che un genere, un nuovo ambito narrativo:

> La nostra letteratura coloniale è appena ai primi passi: non v'è ancora l'opera che possa venire additata come "archetipo" [...]. Molti scrittori visitando le nostre colonie hanno mandato stupende corrispondenze, forse troppo coloristiche, ma non per questo non belle; ma oltre le corrispondenze non hanno potuto ulteriormente sviluppare altri lavori perché non avevano quella conoscenza locale basilare per poter svolgere la trama d'un romanzo. Quello che manca è un'assimilazione lenta del paesaggio, del costume, della vita[20].

Viene affermata l'importanza della letteratura coloniale, soprattutto riguardo al pubblico meno esperto: «Noi sappiamo quale effetto ha sull'animo dei giovani la lettura di quella splendida pagina di Alfredo Oriani in *Fino a Dogali* che parla dell'esploratore Matteucci». Si affermano il bisogno di creare una coscienza coloniale e il totale rifiuto dei romanzieri che non sono mai stati in colonia e dei diari che non nascano dall'esperienza diretta sul campo. Ciò che veramente serve – scrive il giornalista – è «una propaganda a mezzo di romanzi di indubbio valore artistico». E qui si apre un capitolo importante del dibattito in atto: perché proprio il romanzo doveva essere il genere prescelto della nuova letteratura coloniale italiana? Senza dubbio, la risposta a tale questione si inscrive nel concetto stesso di modernità; in quest'ottica la vocazione realistica, la duttilità polifunzionale e pluristilistica, tipiche del romanzo lo hanno reso, in epoca moderna e contemporanea, il genere della realtà, il genere, cioè, potenzialmente più adatto

---

20. E. D'Avila Elemo, *Per una letteratura coloniale*, «L'Azione coloniale», n. 38, 22 novembre 1931, p. 3.

a rappresentare la complessità del reale[21]. Se il genere indicato è il romanzo, i modelli sono più incerti. Da una parte, si fa continuo ricorso alla tradizione passata – dai primi pionieri, esploratori, viaggiatori ai padri della tradizione – dall'altra, però, si guarda anche ad un contesto europeo, inglese e francese in particolare.

Un articolo del 1932[22] viene dedicato alla figura di Sir Harry Hamilton Johnston, naturalista, esploratore e funzionario coloniale inglese, autore di un'ampia opera *A History of colonisation of Africa by alien races* (Cambridge, 1899): Kipling è qui indicato come il poeta dell'imperialismo e Johnston come figura esemplare di esploratore e studioso. Si trattava di trovare una nuova figura autoriale che riassumesse in sé questi due aspetti: la creatività e l'esperienza sul campo per dare finalmente voce all'esperienza coloniale italiana. Anche Johnston che aveva il merito di aver avuto «una visione organica di una grande Italia mediterranea» – si afferma nell'articolo – sosteneva l'importanza per le giovani generazioni di studiare l'origine dell'impero coloniale britannico.

In altri articoli, la giovinezza viene tematizzata a partire dalla rappresentazione delle colonie: si tenta, secondo un procedimento simbolico-allegorico ben conosciuto anche nelle altre letterature, di ridurre l'immagine della colonia a qualcosa di familiare e innocuo – spesso una fanciulla da salvare, malata o colpevole – che possa suggerire l'idea di un facile dominio. Anche in questo caso, le immagini utilizzate si rifanno a figure di giovani, in quanto più facilmente plasmabili e inclini al rispetto dell'autorità. Nell'articolo di Carlo Emilio Gadda del

21. Cfr. V. Spinazzola, *La modernità letteraria. Forme di scrittura e interessi di lettura*, Il Saggiatore, Milano 2005 [I edizione 2001].

22. F. Geraci, *Sir Harry H. Johnston e la sua grande Italia coloniale*, «L'Azione coloniale», n. 12, 20 marzo 1932, p. 3.

1931, *Tripolitania in torpedone*, è possibile trovare un esempio di questa particolare declinazione tematica:

> Ma il gigantesco Maresciallo era un uomo di poche parole, sicché, la piena dei miei sentimenti gratulatorii fu dedicata al Regio Commissario, dottor Monastero. Ebbi l'onore di esser presentato alla sua Signora e alla sua Signorina, con cui conversai dieci minuti (chiedendo della lor vita in colonia), sotto il portico fresco del bel Municipio. Quanto è diverso il tono di chi agisce e di chi opera, da quello di chi va in torno!
> La gentile ragazza mi parve una bella pianta d'Italia, nel giardino del dovere[23].

Contemporaneamente si susseguono, sulle pagine del settimanale, recensioni di libri da proporre ai giovani o dedicati ad argomenti in qualche modo collegati al mondo giovanile, con riferimenti anche a singole case editrici meritevoli per aver dato spazio a novità da segnalare nel mercato editoriale o al contrario, da biasimare per non averlo ancora fatto. Il 2 giugno del 1932, in una corrispondenza da Firenze[24], si legge: «la letteratura coloniale è rappresentata dalle case editrici Cedam di Padova, Utet e Mondadori di Milano». Poi, però, si sottolinea l'assenza di libri coloniali rivolti ai giovani e se ne auspica la diffusione dal momento che proprio quel pubblico rappresenterebbe la risposta per una maggiore diffusione libraria. Nello stesso numero si pubblica la prefazione[25] del volume di

---

23. C. E. GADDA, *Tripolitania in torpedone,* «L'Ambrosiano», 13 agosto 1931, p. 3; l'articolo viene poi pubblicato in C. E. Gadda, *Il Castello di Udine*, Edizioni Solaria, Firenze 1934; ora in C. E. Gadda, *Romanzi e racconti*, a cura di G. Lucchini, E. Manzoni e R. Rodondi, vol. I, Garzanti, Milano 1988, [1993], pp. 192-6; si può leggere anche nell'antologia: Venturini (a cura di), *Fuori Campo. Letteratura e giornalismo nell'Italia coloniale 1920-1940*, cit., pp. 333-8.

24. A. LEONORI-CECINA, *La VI Fiera internazionale del Libro a Firenze,* «L'Azione coloniale», n. 22, 2 giugno 1932, p. 3.

25. A. MELCHIORI, *Un libro dedicato ai Giovani fascisti d'Italia e d'oltremare,* «L'Azione coloniale», n. 22, 2 giugno 1932, p. 3.

Fernando Gori, *Legionari d'Africa*, (Casa Editrice Nuova Europa), presentato come raro e prezioso esempio di opera rivolta ai giovani. L'anno successivo Alessandro Lessona, sottosegretario di Stato per le Colonie, in un articolo intitolato *Parole ai giovani*[26], dichiara: «L'avvenire per noi italiani è in Africa: vadano i giovani a visitarla». L'esperienza sul campo e un'educazione accurata rappresentavano gli obiettivi più urgenti da raggiungere, anche con la creazione di un percorso formativo altamente specializzato nel sapere coloniale. Anche a questo proposito le posizioni assunte sulla rivista non sono unanimi; il senatore Camillo Manfroni, ad esempio, in un articolo dal titolo *Gli studi coloniali in Italia*,[27] esprime la sua opinione sul tema dell'Università coloniale, la creazione della quale è, secondo lui, prematura. In un breve corsivo redazionale, si precisa che la posizione di Manfroni non collima con quella della rivista, dove anzi si sosteneva il progetto e si aveva particolarmente a cuore la questione della preparazione dei giovani alla carriera coloniale. Quasi fosse una risposta polemica all'articolo del senatore, l'anno successivo compare un pezzo intitolato *La propaganda e i giovani*,[28] in uno spazio «La Pagina degli Studenti» interamente dedicato alla gioventù studiosa dell'Italia fascista; qui «L'Azione coloniale» viene definita «organo interamente giovane» e si indica l'espansionismo come carattere tipico della gioventù.

Strettamente legata alla questione dei giovani è poi quella ugualmente ricorrente e decisiva della donna in colonia. In un

---

26. A. Lessona, *Parole ai giovani,* «L'Azione coloniale», n. 46, 30 novembre 1933, p. 1.

27. C. Manfroni, *Gli studi coloniali in Italia,* «L'Azione coloniale», n. 2, 11 gennaio 1934, p. 1.

28. G. Benvenuti, *La propaganda e i giovani,* «L'Azione coloniale», n. 6, 8 febbraio 1934, p. 3.

articolo del febbraio 1934[29], viene indicata la presenza della donna in colonia come elemento fondamentale per l'educazione delle giovani generazioni indigene, poiché il progetto educativo "coloniale" doveva necessariamente ampliarsi e coinvolgere anche i giovani abitanti delle colonie. Per ciò la donna era chiamata ad essere una «figura materna» e una «collaboratrice intelligente» e a completare gli ardui compiti riservati all'uomo.

Sono questi gli anni che porteranno alla guerra d'Etiopia, in vista della quale il coinvolgimento delle giovani generazioni non è più solo un aspetto funzionale al disegno propagandistico del regime, ma diventa al contempo l'unica *chance* per poter affrontare e vincere l'impresa e mantenere così le promesse di grandezza e di vittoria più volte espresse per far leva sull'amor di patria e sull'onore dei giovani combattenti. I toni, infatti, dal 1934 in poi, cambiano e puntano sempre più sull'azione politica, come nell'articolo[30] di Leonori-Cecina, *La preparazione coloniale della gioventù fascista,* dove la rivoluzione fascista viene definita «regime di giovani». È nell'ambito di questo rinnovato fervore politico-patriottico che la politica coloniale è posta prepotentemente in primo piano e che si afferma con decisione il rapporto stretto tra coscienza coloniale e coscienza nazionale.

Negli stessi anni, anche nella produzione narrativa "coloniale" si registrano alcune novità importanti. Ne è esempio emblematico l'opera di Augusta Perricone Violà, caratterizzata dall'alternarsi tra slancio lirico e interesse antropologico, nonché da un sentito patriottismo rivolto spesso, in primo

29. M. Di Niscia, *Le donne in colonia,* «L'Azione coloniale», n. 6, 8 febbraio 1934, p. 3.

30. A. Leonori-Cecina, *La preparazione coloniale della gioventù fascista,* «L'Azione coloniale», n. 15, 11 aprile 1935, p. 3.

luogo, proprio ai giovani. Infatti, nelle sue opere, oltre agli usati temi della Roma imperiale e della missione da compiere, si trovano ricorrenti appelli alle giovani generazioni, uniche in grado di realizzare nel presente i grandi esempi del passato e trasformare l'Italia in una grande potenza internazionale. In un'ottica apertamente razzista, l'altro diventa lo straniero da redimere o da sconfiggere: la razza è «l'abisso che nulla può colmare», un evidente segno di distanza e di negazione. Così ad un mondo selvaggio e poco conosciuto fanno da contraltare l'eleganza, la cultura e l'atteggiamento "buono" e "compassionevole" della donna occidentale – madre, italiana e fascista – «degna compagna del pioniere» in passato e ora ancella dell'avventura espansionistica italiana. Con un obiettivo principalmente politico-propagandistico, il mondo femminile viene posto al centro di una elaborazione tematica, per cui viene sempre più spesso accostato a quello delle giovani generazioni, le quali nel contempo dovevano essere preparate ai più grandi sacrifici che di lì a poco sarebbero stati necessari per fronteggiare la guerra d'Etiopia prima, e la seconda guerra mondiale poi.

Nel 1936, viene pubblicata un'altra opera di Perricone Violà, *Un Balilla all'Equatore. Diario di un caposquadra*, non a caso libro per ragazzi dedicato ai tre figli, «piccoli soldati della Patria» come ricordo degli anni vissuti in Africa «nella soddisfazione di compiere un alto dovere». Alessandro Lessona introduce così l'opera:

> Mentre all'Italia coloniale viene apprestato dal Duce un avvenire di grandezza, anche le giovanissime generazioni debbono imparare a conoscere e ad amare i nostri possedimenti d'Africa, perché dall'orgoglio di quanto v'è stato sinora compiuto dal fascismo trarranno forza e volontà per le opere cui saranno a loro volta chiamate. Questo libro, scritto da una mamma di tre

> balilla, che ha con essi vissuto in Africa lunghi anni, risponde al nobile scopo[31].

La scrittura dai toni lirici e sentimentali tipici della scrittrice si inquadra in quest'opera all'interno di un preciso schema retorico: la voce narrante appartiene ad un giovane e virile Balilla, mentre la figura femminile compare solo in qualità di protettiva immagine materna. Non c'è traccia degli stereotipi legati al gusto esotico-decadente di tanta letteratura precedente: la guerra inaugura una nuova stagione, fa da discrimine tra il mito e la realtà, tra l'Africa come sogno da raggiungere e l'Africa come terra da conquistare e fascistizzare.

La guerra segna un momento decisivo, in letteratura e ancor di più nel giornalismo – si pensi ai numerosi giornalisti che raggiunsero l'Etiopia, da Aldo Borelli a Mario Appelius a Barzini jr e Tomaselli, a Buzzati, ma anche Virginio Lilli, Ciro Poggiali, Vittorio Beonio-Brocchieri – determinando un profondo cambiamento sia nell'immaginario politico-culturale, sia nel sistema propagandistico fascista, nonché nelle sorti di ognuno dei Paesi coinvolti. Il giornalismo dà la misura di tale cambiamento e offre una prospettiva inedita per guardare alla guerra e, soprattutto, a ciò che la guerra, l'impresa in Etiopia, ha rappresentato per l'immaginario culturale italiano. I giovani diventano gli assoluti protagonisti, gli eroi obbligati di una guerra travestita da saga, dove la tragedia, l'epica e il mito trovano un'unica coesa espressione:

> Se la nostra spedizione avrà successo, diventerà leggendaria tra gli ascari. Il generale Mariotti e i suoi uomini stanno facendo dell'epica, ma, come tutti gli uomini di azione, non ne parlano, non esprimono speranze, preoccupazioni, progetti. La grande

31. A. Lessona in A. Perricone Violà, *Un balilla all'Equatore. Diario di un caposquadra*, Cappelli, Bologna 1936, p. 7.

> avventura si spezzetta e si scioglie nei particolari amministrativi, le casse di talleri per i dancali, i fucili, le munizioni, i cammelli da comprare, i sacchi di vettovaglie che devono durarci per cinque giorni, dopo che avremo abbandonato la carovana di autocarri[32].

Cesco Tomaselli, in un articolo del novembre 1935, descrive i giovani soldati, la loro attesa e le loro speranze di vivere una "grande avventura", qualcosa che resti e che soprattutto trasformi la quotidianità e la stanchezza della vita di sempre in un'impresa memorabile:

> Ma a bordo di questa nave da crociera, che sull'albero di trinchetto spiega l'azzurro gagliardetto reale, tutto acquista rilievo dalle circostanze. Partire per l'Africa Orientale è per questi soldati uguali in tutto a quelli che li hanno preceduti e li seguiranno, cominciare a vivere nell'indimenticabile. Sembrano stupiti essi stessi d'essersi sciolti con tanta disinvoltura dalla vita di ieri, dai congiunti salutanti alla stazione o visti dal piroscafo sventolare l'immancabile fazzoletto, dalle occupazioni che formavano la base della loro esistenza. In mezzo al mare, in un'ora propizia ai rimpianti sottili, non vedi sulle loro facce altra espressione che non sia quella del buonumore e della salute[33].

In questi stessi anni, anche il giovane Indro Montanelli partecipa come volontario alla guerra di Etiopia, da dove invia le sue corrispondenze di guerra che saranno raccolte nel volume *XX Battaglione eritreo*. Nel 1937, pubblicherà *Guerra e pace in Africa Orientale* e nel 1938, *Ambesà*, opere che, con *XX Battaglione*, formano la cosiddetta trilogia africana dell'autore.

---

32. L. Barzini jr., *Il diario della spedizione Mariotti*, «La Lettura», gennaio 1936, pp. 5-6 e 8. L'articolo si può leggere in Venturini (a cura di), *Fuori Campo. Letteratura e giornalismo nell'Italia coloniale 1920-1940*, cit., pp. 401-404.

33. C. Tomaselli, *Destinazione A. O.*, «La Lettura», novembre 1935, pp. 979-81. L'articolo si può leggere in Venturini (a cura di), *Fuori Campo. Letteratura e giornalismo nell'Italia coloniale 1920-1940*, cit., pp. 375-80.

In *XX Battaglione eritreo* si trovano la stessa passione e lo stesso slancio incontrati nei pezzi di altri giovani giornalisti:

> Questo battaglione è una pianta giovane e delicata. Era già nato quando io venni; ma pareva malato di rachitismo: era pieno di gobbe e di storture. Non fu colpa di nessuno, fu un insieme di circostanze disgraziate. Voi sapete con quanto sforzo e sacrificio lo abbiamo raddrizzato, creandogli intorno un ambiente favorevole, un terriccio fertile. Ora siamo nell'età critica. I superiori che vengono dicono: «Questo bel battaglione»; ma noi non dobbiamo illuderci, perché questo bel battaglione, a rilassare un momento la nostra azione di comando, può ancora deformarsi e intristire[34].

Le sorti della guerra sono, dunque, affidate ai giovani combattenti e ai giovani giornalisti in egual misura, come se non ci fosse più alcun confine tra pagina e campo di battaglia, in un'osmosi tra l'azione e la scrittura che più volte lo stesso Mussolini aveva ribadito, sostenendo che la guerra prima la si fa e poi la si scrive. Arnaldo Cipolla coglie a pieno questo aspetto, citando le parole di Badoglio, in un articolo del 1937:

> Il prodigio – come ha detto con insuperabile efficacia il Maresciallo Badoglio – fu possibile «perché vibrava in ogni combattente il palpito dell'Italia Fascista; perché ogni combattente sentiva l'orgoglio di essere italiano ed era conscio della gravità dell'impresa nella quale la Patria era impegnata; perché trovava in questi suoi sentimenti la forza per affrontare ogni fatica e superare ogni ostacolo, ritraendo sollievo e riposo nel pensiero volto all'Italia immortale, al suo Re ed al suo Duce»[35].

---

34. I. Montanelli, *XX Battaglione eritreo*, a cura di A. del Boca, Rizzoli, Milano 2010, pp. 7-13; la prima edizione dell'opera risale al 1936 per i tipi della casa editrice Panorama. L'opera successivamente non ha conosciuto altre edizioni fino a quella della Rizzoli, fedele alle caratteristiche dell'originale. Qui vi sono, tra l'altro, una sezione fotografica e un epistolario inedito, tenuto da Montanelli con i genitori durante la permanenza sul fronte africano.

35. Ar. Ci. [A. Cipolla], *La campagna di guerra in Etiopia*, «L'Almanacco della donna italiana», 1937, pp. 383-90.

Anche in uno dei testi più conosciuti di questi anni, il *Teneo te Africa* di d'Annunzio, dedicato ai soldati della seconda guerra d'Africa, si fa esplicito riferimento a quel «popolo novo», a quella «veramente giovane Italia» che «temperando la tradizione e la novità» aveva il compito di realizzare il sogno dell'Impero:

> Con il pieno assenso di quell'alto compagno d'armi che oggi interpreta avvalora e conduce questo nostro popolo novo, questa veramente giovane Italia; con la ingegnosa cura del Provveditor generale Domenico Bartolini che negli studii e negli atti dello spirito più diversi pone di continuo la impronta italiana ben temperando la tradizione e la novità; ecco che io posso offerire ai soldati della seconda guerra d'Africa, all'esercito della nostra seconda gesta d'oltremare, il mio *Libro ascetico* quasi breviario e sommario «del mio costante amore, breviario e sommario di tutta la giustizia contro tutta la ingiustizia» in sentenza pronunziata per bocca di Cristo[36].

Eppure, nonostante tale fervore e convinzione, proprio i giovani, grazie ai quali l'impresa d'Etiopia era stata possibile, sembrano poi tradire quegli stessi ideali per cui avevano combattuto, scrivendo da giornalisti e da scrittori, l'altra metà dell'avventura coloniale italiana: dal mito dell'Impero alla sua dissacrazione, dallo slancio della prima ora al ripensamento del dopo, dal trionfo sperato allo scacco. La letteratura e il giornalismo non fanno che registrare questo apparente fallimento che cela, in realtà, la presa di coscienza di un'intera generazione. *Letteratura fuori tempo* è il titolo di un articolo del gennaio del 1936, apparso su «L'Azione coloniale», in cui si allude a scrittori che scrivono per un pubblico che «di ha

36. G. d'Annunzio, *Teneo te Africa. La seconda gesta d'oltremare*, Il Vittoriale degli Italiani, Gardone Riviera 1943, pp. 135-153; la prima edizione dell'opera è del 1936. Si segnala la pubblicazione di un estratto del testo in «L'Ambrosiano», 16 novembre 1935, p. 3.

piantati in asso» e ad un «mondo sossopra in cui una civiltà si sfascia e si formano i nuovi destini dei popoli giovani». In un altro articolo, *Il libro che aspettiamo* (7 febbraio, pochi mesi prima della proclamazione dell'Impero), si afferma: «È vero: tutti attendevamo qualcosa di vivo, di reale, di palpitante, nel campo della letteratura coloniale [...], qualcosa che ci facesse respirare l'aria della vera Africa [...] l'Africa come palestra d'eroismo, come promessa dell'avvenire dei popoli»[37].

Come già, in un articolo di Osvaldo Guida del 1929, *Questa letteratura coloniale*, viene con forza ribadito il nesso tra la letteratura e il destino del Paese: «lo spirito dei giovani, la coscienza coloniale, la preparazione alle Colonie, la mentalità del Paese sulle Colonie scaturiscono quasi completamente dalla suddetta produzione letteraria»[38]. Veniva qui elaborato il concetto di una "letteratura benefica" in grado di curare le ferite storiche di un'Italia fragile rispetto alle altre potenze coloniali, in cerca di rivalsa e di un'identità nazionale finalmente solida. Dopo essersi scagliato contro i luoghi comuni "coloniali" – dal mistero al fatalismo, dai profumi ai peccati, dall'orientalismo all'eterno femminino – diffusi dalla stampa e dalla letteratura precedenti, Guida affermava: «I giovani dell'anno VII non possono essere permeati di finzioni. In materia coloniale, delicata, difficile, suscettibile, ancora in formazione, la letteratura deve compiere un'opera di bene»[39].

E dunque, finita l'impresa etiopica, ancora per poco sopravvive l'enfasi intorno al progetto giornalistico-letterario di dar voce all'Impero, soprattutto perché, come è noto, con la fine della seconda guerra mondiale l'Italia perde definitivamente le sue colonie con l'eccezione della Somalia italiana

37. *Il libro che aspettiamo*, «L'Azione coloniale», n. 11, 7 febbraio 1936, p. 3.
38. O. GUIDA, *Questa letteratura coloniale*, «L'Oltremare», n. 8, agosto 1929, p. 358.
39. *Ibid.*

trasformata in Amministrazione fiduciaria affidata all'Italia. In realtà, sopravvivono anche in questi anni di passaggio alcuni slanci simili a quelli degli anni precedenti, nonostante il contesto sia ormai irrimediabilmente mutato. Curzio Malaparte scrive su «La Lettura», nel 1940:

> Sono tornato da poco dall'Etiopia, dove ho trascorso alcuni mesi per conto del «Corriere della sera». Ho vissuto la dura e lieta vita dei Battaglioni di Ascari, ho partecipato ad alcuni scontri nel Goggiam e nello Scioa contro le bande dei briganti Mangascià e Abebè Aregai. Ho potuto, così, raccogliere per i miei articoli un ricchissimo materiale di osservazioni dirette. Ma la mia più segreta ambizione sarebbe di scrivere un libro sui ragazzi d'Etiopia. Poiché è sui ragazzi, proprio su loro, che va fondato l'Impero: non sugli uomini, avviliti e spesso corrotti da secoli di schiavitù, di prepotenze, di saccheggi, di guerre civili. I ragazzi: ecco il nostro ausilio migliore, i nostri naturali alleati nella grandiosa opera di civiltà che stiamo compiendo in Etiopia[40].

«È sui ragazzi, proprio su loro che va fondato l'Impero»: ma quei ragazzi non risponderanno all'appello così a lungo rivolto loro da più parti. E anzi, alcuni di quei ragazzi, giovani e meno giovani – Riccardo Bacchelli fra i primi, e poi Ennio Flaiano, Giuseppe Berto – scriveranno sì opere coloniali, ma da tutt'altra prospettiva e con tutt'altro intento che quello di elogiare le gesta eroiche dell'impresa coloniale, fornendo così la letteratura coloniale italiana di una vera coscienza che finalmente non fosse di sola carta.

---

40. C. Malaparte, *Dei ragazzi d'Etiopia possiamo fidarci,* «La Lettura», gennaio 1940, pp. 33-6; l'articolo viene poi pubblicato in C. Malaparte, *Viaggio in Etiopia e altri scritti africani*, a cura di E. R. Laforgia, Vallecchi, Firenze 2006, pp. 171-178; l'articolo si può leggere anche nell'antologia: Venturini (a cura di), *Fuori campo Fuori Campo. Letteratura e giornalismo nell'Italia coloniale 1920-1940,* cit., pp. 481-8.

"Dalla cattiva parte". La poesia italiana tra anni venti e trenta

Negli anni Venti, la poesia italiana conosce importanti novità – dalla pubblicazione della prima edizione del *Canzoniere* sabiano all'esordio montaliano[1] agli sviluppi della poetica ungarettiana che troveranno espressione poi nella raccolta *Sentimento del tempo*[2] e nella ristampa de *Il porto sepolto* con la prefazione di Benito Mussolini – nonostante la dominante tendenza alla normalizzazione che segue gli eccessi legati alle avanguardie e l'affermarsi di nuove esperienze patriottico-populiste: resiste e si diffonde, infatti, grazie alla macchina della propaganda fascista un'ampia produzione in linea con i dettami del regime nell'ambito della quale si elabora un'idea dell'Italia, "forte, virile, vincente", in cerca dell'occasione per riaffermare la propria identità, che troverà a lungo spazio nell'immaginario italiano. Ne *La marcia su Roma* di Mino Maccari, che dal 1924 cura le pagine de «Il Selvaggio», si ricorda l'impresa a cui lo stesso Maccari aveva preso parte: «Fu autun-

1. Nello stesso anno Montale aderisce al *Manifesto degli intellettuali antifascisti*, promosso da Benedetto Croce. Nel 1928 esce una seconda edizione degli *Ossi di seppia* accresciuta di alcune poesie, fra le quali *Arsenio*, che fu subito tradotta in inglese e pubblicata sulla prestigiosa rivista «Criterion», diretta dal poeta T. S. Eliot, lanciando così Montale sulla scena internazionale.

2. Si vedano per il riferimento alla tematica della gioventù le seguenti poesie: *O Notte* del 1919, *Ti svelerà* del 1931, *Statua* del 1927.

no all'uso italiano / E si dié principio allo sgombero: / Con fracasso di bombe a mano /La baracca si fece in tricioli. // Quando l'uva bollì nei tini / E le nuvole si gonfiarono / Noi squadristi di Mussolini / Le fidanzate si lasciò a piangere»[3]. In *Pioggia di marzo a Villa Torlonia*[4] di Corrado Pavolini si incontra un'immagine non stereotipata dell'Italia di quegli anni: «Odor di legno vivo. Ecco la notte. / Le piante stanno dentro al dolce buio. / Saggio e sereno è la più bella pianta. / Nel suo stormente respiro è l'Italia»[5]. Anche in *Splendore dell'Italia nuova* di Luciano Folgore si sente riecheggiare la tradizione passata coniugata con il riferimento alla "nuova stagione": «La polvere antica / sente la nuova stagione, / si rifà zolla, metallo, / germoglio, impeto, amore / per superare sé stessa / nel tempo nostro o mai più»[6]. «I figli che si moltiplicano / e sono letizia e avvenire, / tutta la fede di un popolo / che scava il proprio destino / nella pietra e nel ferro, /nella carne e nello spirito»[7]. Giovane, immortale e "dalla maschia statura", l'Italia è ritratta con i colori di una tradizione condivisa e amplificata da una nota strategia retorica: «E quando risale dal fondo degli evi / l'Uomo dal cuore terrestre / e dal cervello solare / la vita si plasma e diventa / figura di giovinezza e di luce, / prende la maschia statura / della potenza immortale / e non può aver che una patria, / la nostra : l'Italia»[8].

---

3. M. Maccari, *La marcia su Roma*, in *Poesia civile e politica dell'Italia del Novecento*, a cura di E. Galli della Loggia, cit., vv. 21-28, p. 227.

4. La poesia dopo essere stata pubblicata su «L'Italia letteraria» è raccolta in *Antologia dei poeti fascisti*, a cura di M. dell'Anguillara e O. Giacobbe, Istituto Grafico Tiberino, Roma 1935.

5. C. Pavolini, *Pioggia di marzo a Villa Torlonia*, in *Poesia civile e politica dell'Italia del Novecento*, cit., vv. 39-42, p. 231.

6. L. Folgore, *Splendore dell'Italia nuova*, in Id., *Liriche*, Franco Campitelli, Foligno 1930, poi in *Poesia civile e politica dell'Italia del Novecento*, cit., vv. 12-17, p. 173.

7. Ivi, vv. 28-33, pp. 173-174.

8. Ivi, vv. 56-64, p. 174.

Anche Saba che già anni prima aveva mostrato di essere attento nei suoi versi al tema identitario[9] e che in occasione della guerra di Libia aveva scritto l'articolo sul tema coloniale, *Soldati che vanno e soldati che tornano dalla guerra*[10], apparso quasi clandestinamente su «La Voce trentina» del 10 febbraio 1912, ma datato dicembre 1911, mostra nel tempo di sviluppare tale riflessione. Se negli anni del conflitto libico Saba aderisce di fatto a larga parte dei temi cari alla propaganda libica[11], poi si avrà una sorta di "rimozione" nell'esperienza del poeta seguita al trauma storico delle guerre mondiali. L'articolo citato, del resto, nonostante l'ideale di una guerra capace di conferire nuovo prestigio all'Italia (che sarà poi il tema trattato anche nel racconto *Lissa* di due anni dopo), si struttura sul contrasto tra il fascino dell'azione militare e la *pietas* per i soldati destinati alla morte, «bravi giovani per i quali i beni di questa terra hanno un insostituibile valore»:

> È stato, come ho detto, alla stazione di Bologna, dove ho veduto per la prima volta questo spettacolo che dovevo poi rivedere in tutte le strade e in tutte le stazioni d'Italia, dove son soldati che a compagnie a reggimenti partono per una guerra coloniale divenuta, fuor d'ogni profezia, popolare[12].

Si trova qui, alla fine dell'articolo, il tema dell'odio verso il nemico (poi rinnegato dopo trent'anni nel racconto *Il turco*). Quattro anni dopo la pubblicazione di questo articolo, all'inizio

9. Si vedano le seguenti poesie di Saba: *In morte di un fattorino telegrafico*, *Tre vie*, *Il ciabattino*, *La ritirata in Piazza Aldovrandi a Bologna*.

10. L'articolo viene poi ripubblicato da Umberto Carpi nel 1976 sul «Giornale storico della Letteratura italiana» (fasc. 483).

11. U. Saba, *Soldati che vanno e soldati che tornano dalla guerra*, in Id., *Tutte le prose*, cit., pp. 727-733. «– Che la bella Italia sia riuscita, dopo tanta remissività, a far la guerra alla Turchia, e contro l'interesse di tutti, è già cosa di sogno; non vi pare? – », p. 727.

12. Ivi, p. 729.

della prima guerra mondiale, il nesso ossimorico guerra-giovinezza torna a caratterizzare *Il figlio lontano*[13], un racconto pacatamente antimilitarista ambientato a Roma nel 1911, pubblicato sulla «Rivista ligure» nell'estate del 1915. Si parla di un giovane, un «volontario ordinario [...] partito dal mese di ottobre per la guerra di Libia»[14]. Dopo il primo periodo al fronte, le lettere cessano di arrivare provocando nella famiglia i dubbi e le ansie peggiori. Le notizie portate da un "soldato in tenuta d'Africa" informano che il ragazzo sta bene e si trova al Comando, a Tripoli. Colpisce la figura del giovane messaggero, militare in licenza, scampato alla disfatta di Sciara-Sciat per miracolo, che afferma di voler tornare «volentieri in Africa a vendicare sopra i Turchi assassini e gli Arabi traditori tanti compagni morti, sulla fine dei quali ripeteva i noti orrori»[15] e, dall'altra parte, il contegno della famiglia del taverniere, caratterizzata da una "sobria compostezza" decisamente distante dalla retorica nazionalista e dalle idee a lungo al centro dell'immaginario italiano come quella della Libia quale "riabilitazione" di Lissa e di Adua, tema che tornerà nel 1913 nell'altro racconto, *Lissa*, rifiutato dal «Resto del Carlino» perché "antipatriottico". Infine, nel racconto *Il Turco*, di molto successivo a questi due (pubblicato in *Scorciatoie e raccontini* nel 1946), Saba, tornando a quel clima di enfasi militaresca generato dalla dichiarazione di guerra alla Turchia, ricorda l'episodio dell'assalto, a Firenze, di un venditore ambulante da parte di alcuni ragazzi sottolineandone i risvolti razziali di una propaganda militaresca e aggressiva.

Emerge, dunque, la possibilità di seguire le tracce nella produzione di Saba di un discorso ininterrotto sull'Italia che trova negli aforismi di *Scorciatoie e raccontini*, elaborati negli anni

13. Ivi, pp. 820-824.
14. Ivi, p. 820.
15. Ivi, p. 823.

Trenta e Quaranta, un'altra importante testimonianza, dove si fa ricorso anche agli strumenti conoscitivi della psicanalisi: il riferimento all'identità nazionale corrisponde alla ricerca di sé, nell'ambito di un disegno più complesso che mette in campo i diversi piani dell'individualità e della collettività. Se la storia italiana, come scrive Saba, ha la sua origine in un fratricidio – «Vi siete mai chiesti perché l'Italia non ha avuta, in tutta la sua storia [...] una sola vera rivoluzione? [...]. Gli italiani non sono parricidi; sono fratricidi»[16] –, il nazionalismo si rivela a posteriori il corrispettivo storico della nevrosi – «Patriottismo, nazionalismo e razzismo stanno fra di loro come la salute, la nevrosi e la pazzia»[17] – e la ricchezza della cultura italiana è un antidoto contro le storture del ventennio – «L'Italia ha dato il fascismo; e fu una cosa orrenda. [...] Trieste italiana ha dato Italo Svevo, Umberto Saba, alcune tele (se esistono ancora) del grande pittore Vittorio Bolaffio. Non sono un nazionalista; non voglio buttare olio sul fuoco, e so che ci siamo messi, anche più del necessario, dalla cattiva parte. Ma le cose alle quali ho accennato [...] hanno ancora un peso, pesano [...] sul *nostro* piatto della bilancia»[18] – allora è possibile intorno a tali determinati nuclei tematici individuare nell'intera produzione di Saba i motivi dominanti e ricorrenti della riflessione sull'Italia.

Gli anni Trenta, sul versante poetico, sono caratterizzati, come è noto, dall'affermarsi dell'ermetismo, apparentemente distante da qualsiasi idea di impegno civile e di rappresentazione diretta del Paese, in realtà promotore di una nuova attenzione alle esperienze d'oltralpe e di un riferimento costante al rapporto tra tradizione e innovazione. Le parole "Italia" e "popolo", come scrive Romano Luperini, diventano impro-

16. U. Saba, *Scorciatoie e raccontini*, in Id., *Tutte le prose*, cit., p. 8.
17. Ivi, p. 20.
18. Ivi, p. 47.

nunciabili per i poeti ermetici dal momento che «il fascismo opera una ferita profonda e per qualche verso irrimediabile, lacerando la coscienza nazionale e costringendo gli artisti ad una scelta drastica: o la rettorica che finge l'esistenza di un'identità nazionale, forte, compatta, legata ai valori del classicismo romano e del nazionalismo piccolo-borghese, o l'autoascultazione di un malessere esistenziale e morale che nasconde, ma in parte anche rivela, il vuoto civile, la mancanza d'intesa e, avrebbe detto Leopardi, di "società stretta" esistente a livello nazionale»[19]. Nonostante ciò, si trovano comunque le tracce di una "sotterranea" riflessione che va articolandosi secondo nuove modalità rispetto ai decenni precedenti. In *1914-1915* di Ungaretti scritta nel 1932 e poi raccolta in *Sentimento del tempo* si legge un ritratto dell'Italia che appare tutt'altro che stereotipato: «A quei tempi, come eri strana, Italia, / E mi sembrasti una notte più cieca / Delle lasciate giornate accecanti. // Ma il dubbio, ebbro colore di perla, / Come avviene nelle ore di tempesta / Spuntò adagio ai limiti, / E s'era appena messo a serpeggiare / Che aurora già soffiava sulla brace. / Chiara Italia, parlasti finalmente / Al figlio d'emigranti. [...] // Mi destavi nel sangue ogni tua età, / M'apparivi tenace, umana, libera / E sulla terra il vivere più bello. // Colla grazia fatale dei millenni / Riprendendo a parlare ad ogni senso, // Patria fruttuosa, rinascevi prode, / Degna che uno per te muoia d'amore»[20]. L'immagine al verso 21, «Il dubbio, ebbro colore di perla» richiama esplicitamente il verso 8 di *Popolo* («La perla ebbra del dubbio / già sommuo-

19. R. Luperini, *Letteratura e identità nazionale: la parabola novecentesca*, in *Letteratura e identità nazionale nel Novecento*, cit., pp. 13-14.

20. G. Ungaretti, *1914-1915*, in Id., *Sentimento del tempo*, in Id., *Vita d'un uomo. Tutte le poesie*, [I ediz. 1969], a cura di L. Piccioni, Mondadori, Milano 2005, vv. 18-27 e 46-52, pp. 161-162.

ve l'aurora»), creando così un rapporto diretto con il contesto nel quale anni prima erano nati i versi de *L'Allegria*. E, scritta qualche anno più tardi, anche in *Epigrafe per un caduto della rivoluzione* (1935), seppure più vicina a toni e modalità espressive in auge in quegli anni, si trova il tema patriottico, questa volta declinato secondo i modi della tradizione, secondo cui la Patria è donna e madre accogliente:

> Ho sognato, ho creduto, ho tanto amato
> Che non sono più fin quaggiù.
>
> Ma la bella mano che pronta
> Mi sorregge il passo già inerme
> Mentre disanimandosi mi pesa
> Il braccio ebbe volontà per mille,
> È la mano materna della Patria.
>
> Forte, in ansia, ispirata
> Premendosi al mio petto,
> Il mio giovane cuore in sé immortala[21].

Anche nella produzione più legata alla propaganda fascista si trova qua e là qualche eccezione alla regola, qualche verso che si discosta, per tono e livello artistico, dalla produzione prevalentemente omogenea diffusa in quegli anni; in *Saluto a Mussolini* di Corrado Govoni si omaggia l'Italia e la sua bellezza, con la metafora del buio che evidentemente rinvia al fascismo: «Nostra gran terra! Vorresti fare qualcosa per renderla ancora più / bella… / Ma solo col buio si accresce splendore alla stella»[22]. Oppure in *Camicia nera* di Cardarelli, pubblicata

---

21. G. Ungaretti, *Epigrafe per un caduto della rivoluzione* (1935), in Id., *Sentimento del tempo*, in Id., *Vita d'un uomo. Tutte le poesie* cit., p. 163.

22. C. Govoni, *Saluto a Mussolini*, in Id., *Il flauto magico*, Al Tempo della Fortuna, Roma 1932, p. 180; ora in *Poesia civile e politica dell'Italia del Novecento*, cit., vv. 1-3, p. 181.

nel 1933, riemerge il riferimento all'*Inferno* di Dante, secondo un antico schema che fa del paesaggio e dell'invocazione diretta il punto di forza di questi versi: «Tu mi rammenti l'Appennino bruno / i suoi crepuscoli profondi e mitici. / Lassù ti vidi. E già del tuo colore / si vestirono gli anni del riscatto, / la Giovine Italia e Mazzini. / Poi fosti manto di più duro lavoro, / di utopie disperate»[23]. La guerra e la gioventù che in essa si perse sono caratteri dominanti e imprescindibili di questa Italia "dispersa e proletaria", ma "nuova": «O Italia dispersa e proletaria, / non pensavi alla guerra ed eri fatta / per ritrovarti in lei. / Nel tuo colore di morte / si riconosce ormai / la fiera gioventù»[24].

La poesia segue "a singhiozzo" le trasformazioni sociali e culturali che stanno travolgendo il paese ormai sulla strada che porterà a conflitti rovinosi e a scelte discutibili sul piano internazionale. Con ostinazione e un implacabile senso d'appartenenza un'intera generazione di giovani e non più giovani ridisegnano l'Italia a tinte forti, l'Italia giovane, forte, rampante, pronta a conquistare terre e a piegare potenze, un'Italia in realtà fragile, divisa e attraversata da profonde contraddizioni: «Ora sei la gloriosa, / decente veste dell'Italia nuova. / Beato chi sia degno di portarti / a capo scoperto, / lungo le vie soleggiate»[25] .

---

23. V. Cardarelli, *Camicia nera*, «Quadrivio», n. 3, 20 agosto 1933 poi in Id., *Opere*, a cura di C. Martignoni, Mondadori, Milano 1981, p. 113; ora anche in *Poesia civile e politica dell'Italia del Novecento*, cit., vv. 13-19, p. 179. Si veda anche *Canzone di marcia* e *Fato africano*. Nel 1931 peraltro esce il volume di Cardarelli, *Parliamo dell'Italia*, presso Vallecchi: raccoglie meditazioni storico-politiche nelle quali si elogia l'Italia popolana, cattolica e tradizionale degli anni del regime.

24. *Ibid.*, vv. 25-30.

25. Ivi, vv 41-45, p. 114.

Parte II

L'identità spezzata

Senza patria: nuove geografie letterarie

Una zuffa di galli inferociti
quella di casa nostra?

(E. Montale, *Altri versi*)

Laida e meschina Italietta.

(G. Caproni, *Alla patria*)

Adottare oggi una prospettiva che coniughi geografia e letteratura, spazialità e testualità significa misurarsi con un campo d'indagine ampio e non precisamente definito, come già i *cultural studies*, i *gender studies* e alcuni studi anche in Italia hanno saputo indicare: si pensi ai lavori di Dionisotti[1], ma anche a quelli di Moretti sul romanzo[2] o al recente *Atlante della letteratura italiana* curato da Gabriele Pedullà e Sergio Luzzatto. Il tema rende possibile mettere a fuoco figure, stereotipi e innovazioni presenti nella poesia italiana del Novecento, tramite percorsi inediti e spesso paralleli al canone, in grado

1. Per l'impostazione metodologica storico-geografica cfr. C. Dionisotti, *Geografia e storia della letteratura*, Einaudi, Torino 1967. Scrive Dionisotti: «Restava la speranza, cui finii con l'appigliarmi di un'Italia diversamente nuova, più libera e però anche più articolata», ivi, p. 13; «Si può discutere se quel che in letteratura più importa, l'offerta che essa reca di umana poesia, soffra o no distinzioni e definizioni di spazio e di tempo. Ma discutibile non sembra il principio che, ove a tali distinzioni e definizioni per qualunque motivo si ricorra, esse debbano farsi avendo riguardo alla geografia e alla storia, alle condizioni che nello spazio e nel tempo stringono ed esaltano la vita degli uomini», ivi, p. 54. Recenti studi di teoria della letteratura e di comparatistica hanno di nuovo ribadito, anche se in prospettiva diversa, l'opportunità di valorizzare lo studio della letteratura italiana in relazione alla geografia integrando la tradizione storicistica.

2. F. Moretti, *Atlante del romanzo europeo 1800-1900*, Einaudi, Torino 1997.

di ri-disegnare i "luoghi" letterari del secolo e di spingere a ri-pensare categorie e schemi storiografici del passato:

> Si diffondono i dimissionari e gli increduli rispetto alla storia, cioè alla possibilità di un racconto comune e ragionevolmente fondato, di un vissuto collettivo credibile e condiviso. Diciamolo allora subito: qui si continua a credere non solo ai *fatti*, ma nella possibilità del *romanzo* collettivo e delle grandi narrazioni con cui gli attori sociali e le vite individuali faccian corpo[3].

Dopo la seconda guerra mondiale l'identificazione dell'Italia con la sua cultura sarà decisiva per elaborare il rifiuto dell'idea di patria diffusa dal fascismo, anche se questo non porterà all'affermarsi di una nuova salda unità culturale, ma al contrario si verificherà una rottura insanabile nei processi di auto-rappresentazione del Paese: la poesia[4] accoglie il senso di sconfitta di un'intera generazione e ne lascia emergere le diverse declinazioni.

Ciò che è possibile ricostruire è una mappa "instabile" dagli esili confini che, però, testimonia con forza, anche tramite la valorizzazione degli aspetti "geografici" del testo, come la poesia al pari del romanzo[5], a partire dalla seconda metà del Novecento, abbia non solo contribuito a rifondare nella modernità l'identità culturale italiana in una prospettiva non rigidamente unitaria, ma anche elaborato nuove strategie volte a riformulare lo stesso concetto di "identità" in una prospettiva pluridiscorsiva ed eccentrica che, seppur negando, afferma

3. M. Isnenghi, *Preambolo*, in Id., *Storia d'Italia. I fatti e le percezioni dal Risorgimento alla società dello spettacolo,* Laterza, Roma-Bari 2011.

4. Cfr. M. S. Sapegno, *L'Italia dei poeti. Immagini e figure di una costruzione retorica*, Aracne, Roma 2012; E. Galli Della Loggia, *Poesia civile e politica dell'Italia del Novecento*, cit.

5. Cfr. S. Sgavicchia, *Percorsi storico-geografici dell'identità letteraria italiana*, «Perusia. Rivista del Dipartimento di Culture comparate dell'Università per stranieri di Perugia», Nuova Serie, n. 5, tomo I, 2010.

la persistenza di un sostrato culturale comune anche se non sempre condiviso:

> In nessuna stagione della letteratura italiana le categorie geografiche sono state utilizzate con tanta abbondanza per classificare autori e movimenti quanto nel secondo Novecento. [...] Nella critica del tempo il ricorso alle categorie geografiche è stato dunque, probabilmente, anche un salutare antidoto all'eccessiva frantumazione del quadro[6].

In questo contesto – come afferma Sgavicchia a proposito del romanzo novecentesco – «i luoghi tematici della "differenza" italiana che frequentemente ricorrono assieme alle strategie variamente plurilinguistiche che ne connotano lo stile», non soltanto consentono di valorizzare la dinamica tra unità e molteplicità che caratterizza la tradizione culturale e letteraria nazionale, ma rifondano l'immagine stessa dell'Italia codificata nella nostra tradizione letteraria. L'identità nazionale si spezza e si trasforma in una pluri-identità, fatta di molteplici sfumature, conservando però un sostrato comune in grado di "unire" fra loro esperienze anche molto distanti. Emergono nuovi modi di raffigurare non solo l'appartenenza, ma anche la non appartenenza ad un contesto storico-politico in veloce divenire che costringe continuamente alla ricerca di nuovi linguaggi:

> La parte e il tutto, dunque. La identità e le identità. Singolare e plurale. Questa sembra essere la dialettica costitutiva e propria del discorso nazionale italiano. E resta fortemente dinamica attraverso le vicende che marcano la storia dell'Italia unita, per

6. G. Pedullà, *L'età del benessere*, in *Atlante della letteratura italiana*, vol. 3, *Dal Romanticismo a oggi*, a cura di D. Scarpa, Einaudi, Torino 2012, p. 718.

quanto con ritmi e modi discontinui, e perviene sino alle nostre cronache politiche e culturali[7].

Basti pensare che la parola "Italia" non compare mai nei primi tre libri di Montale e che solo più tardi il termine appare quattro volte esclusivamente nelle raccolte della vecchiaia[8]. Il dato senza dubbio fa riflettere sulle conseguenze che il fascismo, a più livelli, dagli anni Venti agli anni Quaranta, farà pesare sull'intera produzione letteraria, con il risultato che anche la grande poesia civile in questa fase dovrà necessariamente trovare nuove modalità espressive che utilizzano non di rado la negazione per affermare concetti divenuti impronunciabili. Non a caso, infatti le grandi poesie civili di Montale prefigurano una "coscienza sovranazionale", un «europeismo della cultura di tipo gobettiano e liberale, nutrito di miti mitteleuropei e anglofili»[9]. E poco importa che la parola "Italia" non venga pronunciata, perché l'affresco sociale che alcuni testi montaliani presentano parla chiaro e descrive una realtà brutale quanto concreta come avviene ne *La primavera hitleriana*:

> [...]
> la sagra dei miti carnefici che ancora ignorano il sangue
> s'è tramutata in un sozzo trescone d'ali schiantate,
> di larve sulle golene, e l'acqua séguita a rodere
> le sponde e più nessuno è incolpevole[10].

---

7. A. Quondam, *Introduzione*, in *L'identità nazionale. Miti e paradigmi storiografici ottocenteschi*, cit., p. V.

8. R. Luperini, *Letteratura e identità nazionale: la parabola novecentesca*, in *Letteratura e identità nazionale nel Novecento*, cit., pp. 7-33.

9. Ivi, p. 14.

10. E. Montale, *La primavera hitleriana*, in Id., *La Bufera e altro*, in Id., *Tutte le poesie*, [I ediz. 1984], a cura di G. Zampa, Mondadori, Milano 2001, vv. 16-19, p. 256.

Secondo una nota tecnica che promuove l'allegoria come strategia poetica dominante, nella poesia montaliana si elaborano nuove modalità rappresentative che aggirano l'oggetto da dire per poi farlo prepotentemente emergere dal testo a fine lettura, come nel caso di una delle più conosciute poesie, *L'anguilla*, dove «la sirena / dei mari freddi che lascia il Baltico / per giungere ai nostri mari, / ai nostri estuari, ai fiumi» prefigura una nuova figura femminile estremamente terrena e terrigna che sembra attraversare col suo corpo sinuoso e imprendibile un'Italia fatta di luoghi, di melma e pozzanghere, ma anche di luce e guizzi: «risale in profondo, sotto la piena avversa, / di ramo in ramo e poi / di capello in capello, assottigliati, / sempre più addentro, sempre più nel cuore / del macigno, filtrando / tra gorielli di melma finché un giorno / una luce scoccata dai castagni / ne accende il guizzo in pozze d'acquamorta, / nei fossi che declinano / dai balzi d'Appennino alla Romagna»[11].

Si determina dagli anni Trenta in poi una fase apparentemente connotata dalla totale mancanza di una coscienza nazionale, interrotta solo dall'esperienza del neorealismo, nell'ambito del quale sembra rinascere la prospettiva di una identità nazionale «nutrita di nuovi valori e alimentata dall'apporto nuovo delle classi subalterne»[12]. Ma negli anni Cinquanta queste speranze si infrangeranno in un'Italia che dal boom economico passerà velocemente ad un clima di perenne tensione politica – si pensi ai fatti d'Ungheria nel 1956, agli effetti dell'urbanizzazione e dell'immigrazione e all'acuirsi dello squilibrio tra Nord e Sud – con conseguenze che emergono anche nella produzione letteraria e poetica di quegli anni. Emblematico, a questo

11. E. Montale, *L'anguilla*, in Id., *La Bufera e altro*, in Id., *Tutte le poesie*, cit., vv. 1-14, p. 262.

12. R. Luperini, *Letteratura e identità nazionale: la parabola novecentesca*, cit., p. 15.

proposito, si rivela il passaggio da una raccolta come *Diario d'Algeria* (1947) a *Gli strumenti umani* (1965): Sereni elabora sin dagli anni del suo esordio con *Frontiera* (1941) una serie di riflessioni sulla condizione italiana che confluiscono via via nei suoi testi poetici, nelle interviste e nei suoi interventi pubblici. In *Un'altra estate*, testo datato 1940, ricco di suggestioni e di richiami apertamente esibiti – da *Diario* ed *Estiva* di Cardarelli a *Di luglio* di Ungaretti, ma soprattutto al d'Annunzio di *Furit aestus* e del *Ditirambo III* – si esprime un sinistro presagio, qualcosa di oscuro che incrina la pienezza della stagione estiva e si chiude proprio con un'immagine quasi irreale dell'Italia: «Ma tutto quanto non soggiacque all'afa / s'appunta al volo / degli uccelli lentissimi del largo / avventurati negli oscuri golfi / di un'Italia infinita»[13].

Se poi si pensa a *Italiano in guerra*, poesia datata agosto 1942, si ha un ulteriore tassello di tale ampia riflessione. Il testo che registra il passaggio in Grecia del reparto in cui è arruolato l'ufficiale Sereni poi fatto prigioniero in Sicilia il 24 luglio 1943, segna la totale estraneità del poeta alla guerra e alla brutalità delle schiere avverse. L'italiano in guerra, inerme assorto e senza domani, fugge sotto lo sguardo materno di un'Europa-testimone: «Europa Europa che mi guardi / scendere inerme e assorto in un mio / esile mito tra le schiere dei bruti, / sono un tuo figlio in fuga che non sa / nemico se non

13. V. Sereni, *Un'altra estate*, in Id., *Frontiera*, in Id., *Poesie*, [I ediz. 1995], edizione critica a cura di D. Isella, Mondadori, Milano 1996, vv. 10-11, p. 36. Cfr. N. Lorenzini, *La poesia italiana del Novecento*, Il Mulino, Bologna 1999, p. 131: «C'era sicuramente la recensione della realtà tra gli obiettivi dei continuatori di "quella particolare disposizione lombarda" che era fatta, sempre secondo Anceschi, di attenzione all'oggetto (e Orelli, Erba, Risi in particolare si collocano già nel '52 lungo il crinale che antepone la "corposa allegoria alla diafana analogia"). Ma era soprattutto Sereni, poeta di "frontiera" non solo per ragioni geografiche, a praticare quella poesia a portata di sensi, disposta ad accogliere nel verso *tutta* l'esperienza che è dato compiere del reale».

la propria tristezza»[14]. E torna l'immagine dell'Europa anche in un altro dei testi più conosciuti di Sereni, *Non sa più nulla, è alto sulle ali*, a conferma da una parte del profondo disincanto di chi scrive, dall'altro del rinvio ad una dimensione sovranazionale che si ritroverà anche nei testi montaliani e in larga parte della produzione poetica coeva.

Ne *Gli strumenti umani*, il clima che si respira è radicalmente mutato: la catastrofe è alle spalle anche se i segni del presente non lasciano presagire alcun roseo futuro. In *Saba*, Sereni realizza un mirabile ritratto postumo del poeta che, «ramingo in un'Italia di macerie e di polvere»[15] appena uscita dalla guerra, era vagabondo tra Milano, Roma e Trieste: «E un giorno, un giorno o due dopo il 18 aprile, / lo vidi errare da una piazza all'altra / dall'uno all'altro caffè di Milano / inseguito dalla radio. / "Porca – vociferando – porca". Lo guardava / stupefatta la gente. / Lo diceva all'Italia. Di schianto, come a una donna / che ignara o no a morte ci ha ferito»[16]. Si fa riferimento alle elezioni politiche del 1948 che videro il successo democristiano contro il Fronte democratico popolare. Il risultato di quelle elezioni lo sconvolse, come racconta Sereni[17]. Il profondo disappunto di Saba nei confronti della situazione italiana del dopoguerra si legge anche in una poesia, *Opicina*

14. V. SERENI, *Italiano in Grecia*, in Id., *Diario d'Algeria*, in Id., *Poesie*, cit., vv. 8-12, p. 63.

15. V. SERENI, *Saba*, in Id., *Gli strumenti umani*, in Id., *Poesie*, cit., v. 4, p. 136.

16. Ivi, vv. 10-17, p. 136. Si veda anche *Nel sonno*, in V. SERENI, *Poesie*, cit., pp. 146-147: «L'Italia, una sterminata domenica. / Le motorette portano l'estate / il malumore della festa finita. / Sfrecciò vano, ora è poco, l'ultimo pallone / e si perse: ma già / sfavilla la ruota vittoriosa. / E dopo, che fare delle domeniche? / Aizzare il cane, provocare il matto… / Non lo amo il mio tempo, non lo amo. / L'Italia dormirà con me. / In un giardino d'Emilia o Lombardia / sempre c'è uno come me / in sospetti e pensieri di colpa / tra il canto di un usignolo / e una spalliera di rose…».

17. Si veda *5 domande a Vittorio Sereni,* a cura di E. Chierici, in *Omaggio a Saba*, «Nuovi Argomenti», n. 57, gennaio-marzo 1978.

1947, raccolta in *Epigrafe* (1947-1948), nella quale così viene descritta l'Italia post-fascista a un giovane amico comunista del poeta:

> […]
> Due vecchie ebree, testarde villeggianti,
> io, quel ragazzo, parlavamo ancora
> lassù italiano, tra i sassi e l'abete.
>
> "Dopo il nero fascista il nero prete;
> questa è l'Italia, e lo sai. Perché allora -
> diceva il mio compagno - aver rimpianti?"[18]

Il sonetto, nato di getto, come tiene ad indicare il poeta, non lascia dubbi sullo sguardo disincantato di Saba. Anche il testo che dà il titolo alla raccolta, *Epigrafe*, suggella il senso di impotenza e frustrazione che conosce il poeta nell'Italia del secondo dopoguerra: «Parlavo vivo a un popolo di morti. / Morto allora rifiuto e chiedo oblio»[19].

Anche ripercorrendo alcuni testi di Franco Fortini è possibile comprendere come cambi radicalmente il modo di guardare all'Italia di un'intera generazione nella fase che va dal dopoguerra agli anni Sessanta e Settanta. In *Italia 1942*, raccolta in *Foglio di via* (1946), si prende definitivamente congedo dalla retorica nazionalista e fascista per abbracciare un tono sommesso e un registro quotidiano: «Ora m'accorgo d'amarti / Italia, di salutarti / Necessaria prigione»[20]. L'Italia

18. U. Saba, *Opicina 1947*, in Id., *Il Canzoniere*, in Id., *Tutte le poesie*, cit., vv. 9-14, p. 562.

19. U. Saba, *Epigrafe*, in Id., *Il Canzoniere*, in Id., *Tutte le poesie*, cit., vv. 1-2, p. 564. Si veda anche la poesia che apre la raccolta *In questo libro…*: «In questo libro tredici poesie, / che il nome hanno dall'ultima, / sono, me vivo, mie. / Poi le avrò scritte come l'altre invano, / per gli uccelli e un amico, al tempo triste, / nel mio triste italiano».

20. F. Fortini, *Italia 1942*, in Id., *Foglio di via*, in Id., *Tutte le poesie*, a cura di L. Lenzini, Mondadori, Milano 2014, vv. 1-3, p. 14. Si veda anche F. Fortini, *Il silenzio*

diventa una donna amata e odiata, ma alla quale nonostante tutto si continua a sentirsi profondamente legati e non per un sentimento chiaro ed esibito, ma grazie ad una "pena presente", a qualcosa di sotterraneo e viscerale; la conclusione non lascia però spazio a speranze sull'avvenire: «Ora non basta nemmeno morire / Per quel tuo vano nome antico»[21]. Se si considera invece il successivo ritratto che dell'Italia fa Fortini in un contesto completamente mutato segnato dalla violenza si colgono i segni del tempo trascorso: in *Italia 1977-1993*, poi inserita in *Composita solvantur* la memoria rievoca il volto di un ragazzo sfregiato negli scontri dell'11 marzo 1971: «Hanno portato le tempie / al colpo di martello / la vena all'ago / la mente al niente»[22].

Dalla fine degli anni Quaranta alla fine degli anni Sessanta fino ai primi anni Settanta si verificano alcune delle trasformazioni sociali più profonde del secolo che muteranno del tutto non solo la società italiana, ma anche i concetti alla base del paradigma identitario italiano: mi riferisco alle idee di nazione, tradizione e identità. Sul piano poetico, l'esperienza della neoavanguardia – che richiederebbe spazio a parte – contribuirà ad acuire e ad esasperare il senso di disgregazione della coscienza

d'Italia, in Id., *Saggi ed epigrammi*, a cura e con un saggio introduttivo di L. Lenzini e uno scritto di R. Rossanda, Mondadori, Milano 2003, p. 1212: «Il Risorgimento definì affrettatamente l'Italia, ed ora noi soffriamo di quella fretta. Una tradizione letteraria, tragica nella sua fedeltà, nella quale i nomi dei retori sono congiunti a quelli dei poeti, aveva parlato di un'Italia, che mai era esistita come corpo politico, e gli uomini del Risorgimento furono i figli di quel compianto. Ma ora tutti gli aspetti unitari della storia italiana uscita da quel sogno, sono vittime e cause della sua rovina: monarchia, chiesa, esercito, burocrazia, classe dirigente. […] Questa Italia ci appare allora una terra come poche altre tragica, per il fitto convivere di eterni spettri diurni e di lucide fantasie e speranze accanto ad uomini molto terrestri e scettici». Lo scritto fu pubblicato per la prima volta nell'aprile del 1944 sulla «Rivista della Svizzera italiana».

21. Ivi, vv. 17-18, p. 14.

22. F. Fortini, *Italia 1977*-1993, in Id., *Composita solvantur*, in Id., *Tutte le poesie*, cit., vv. 1-4, p. 539.

nazionale e, tranne qualche eccezione – come *Fratelli d'Italia* di Arbasino – , trasformare questo senso di disorientamento e confusione in rifiuto programmatico e aperta denuncia.

Sul versante opposto, il Pasolini de *Le ceneri di Gramsci* (1957) lascia ancora prevalere la speranza e la fiducia nel futuro, nonostante il fallimento degli ideali resistenziali: si pensi a *L'umile Italia*[23], che ritrae un paese attraversato da contraddizioni, dove però la «Roma del potere» compare senza dominare e il garrire delle rondini è ancora «l'umilissima voce» dell'Italia. Ne *L'Usignolo della Chiesa Cattolica* (1958), in particolare nel lungo poemetto diviso in cinque capitoli intitolato *L'Italia*, risalente al 1949 (comparso per la prima volta nell'*Antologia della poesia italiana* curata da Spagnoletti nel 1950), perdura questo senso di fiducia che trova nelle lucciole, nel volo delle rondini e nei colori di una natura ritratta con attenzione dalla luce dell'alba a quella lunare, gli emblemi di un intenso canto civile: «Tu, Italia, troppo inquieta o tranquilla, / non senti, dormendo, l'usignolo della pazzia… // Sfida qualcuno il tuo sonno di saggia nazione! / e arso dal suo coraggio, nel volontario / esilio del balcone aperto sul cielo, / egli trema al miracolo del paese notturno che la prima luna del creato inargenta»[24]. La negatività inevitabilmente prevale, invece, nei successivi *La religione del mio tempo* (1961) e *Poesia in forma di rosa* (1964). In *Nuovi Epigrammi* (1958-1959), raccolti ne *La religione del mio tempo*, si legge *Alla mia nazione*[25], uno dei testi forse più espliciti e amari che Pasolini abbia dedicato all'Italia.

---

23. P. P. Pasolini, *L'Umile Italia*, in Id., *Le ceneri di Gramsci*, in Id., *Bestemmia. Tutte le poesie*, [1995], a cura di G. Chiarcossi e W. Siti, prefazione di G. Giudici, Garzanti, Milano 1999, p. 204.

24. P. P. Pasolini, *L'Italia*, Capitolo IV, in Id., *L'Usignolo della chiesa cattolica*, in Id., *Bestemmia. Tutte le poesie*, cit., vv. 19-25, pp. 387-388.

25. Per un'analisi del testo si veda D. Brogi, *Un'estetica passione: la patria di Pasolini* in *Letteratura e identità nazionale nel Novecento*, cit., pp. 125-177.

Nonostante, come sottolinea Daniela Brogi, si parli qui «di una situazione storica in cui poteva ancora avere senso che un poeta rivendicasse la centralità del proprio discorso in nome di una funzione civile»[26], è la negazione a prevalere: «Milioni di piccoli borghesi come milioni di porci / pascolano sospingendosi sotto gli illesi palazzotti, tra case coloniali scrostate ormai come chiese. / Proprio perché tu sei esistita, ora non esisti, / proprio perché fosti cosciente, sei incosciente»[27]. Nelle *Poesie incivili (aprile 1960)*, raccolte ne *La religione del mio tempo*, prevalgono la rabbia e l'impotenza: si pensi a liriche come *Il glicine* o *La rabbia.* Si va gradualmente elaborando nella parabola della produzione pasoliniana così come nella società italiana di quegli anni la fine di qualsiasi mandato sociale conferito all'intellettuale. Ne *La Guinea*, poemetto pubblicato per la prima volta nel 1962 e poi in volume, in *Poesia in forma di rosa* nel 1964, si registra tale senso di stanchezza e sconfitta: «Così mi risveglio, il mattino, in Italia, // con questa idea dei millenni stanchi / bollata nel cervello [...] l'Europa è così piccola, non poggia // che sulla ragione dell'uomo, e conduce / una vita fatta per sé, per l'abitudine, / per le sue classicità sparute»[28]. Gli scritti luterani e corsari non fanno che sancire e argomentare la rottura storica definitiva già maturata in poesia:

> Credo che a pochi uomini in tutta la storia umana sia successo di vivere in pochi anni (sei o sette) mutamenti più radicali di quelli che hanno vissuto gli italiani adulti dalla fine degli anni Sessanta ad oggi[29].

26. Ivi, p. 126.

27. P. P. Pasolini, *Alla mia nazione*, in Id., *Bestemmia. Tutte le poesie,* cit., vv. 10-14, p. 555.

28. P. P. Pasolini, *La Guinea*, in Id., *Poesia in forma di rosa*, in Id., *Bestemmia. Tutte le poesie*, cit., p. 628.

29. P. P. Pasolini, *Risposte*, «Corriere della sera», 9 settembre 1975, in Id., *Lettere luterane*, Einaudi, Torino 1976, p. 124.

> Io che posso permettermi di non essere prudente, le dico anzi che l'Italia è ben peggio che un Paese di serie B. L'espressione calcistica non è che un eufemismo. L'Italia – e non solo l'Italia del Palazzo e del potere – è un Paese ridicolo e sinistro: i suoi potenti sono delle maschere comiche, vagamente imbrattate di sangue: "contaminazioni" tra Molière e il Grand Guignol[30].

Se gli anni Sessanta si aprono con toni di forte denuncia – da *La ragazza Carla* di Pagliarani a *Nel magma* di Luzi – la tensione non si stempera con il tempo, ma si avvia a divenire il segno di una tenace resistenza. In una poesia dedicata non a caso proprio a Pasolini, Amelia Rosselli così si rivolge all'amico dopo la sua morte: «E posso trasfigurarti, / passarti ad un altro / sino a quell'altare / della Patria che tu chiamasti / puro…»[31]. Versi che colpiscono soprattutto se si riflette sul fatto che nella complessa e stratificata poesia rosselliana i concetti di "popolo" e "piazza" sostituiscono completamente quelli di "patria" e "nazione". In *Figlia del sereno giorno*, poesia raccolta in *Appunti sparsi e persi 1966-1977*, compaiono entrambi i termini in un contesto violento: «Furenti appelli ad una pace con guerra / sogni di un aldilà divenuto insopportabile / si trafigge un popolo / stanco. // Questi versi / che sono la prova della mia durata, / ritardi giornalieri degli autobus / col vuoto che hanno loro nei loro cuori / mentre in piazza si scende a parlare / con le mani. // O è in piazza che si scende a patti / per le scale del disastro pensando di / pensare agli altri, / libertà di badare al coltello / pronti a crollare / mentre ammazziamo solo donne e bambini»[32]. In *Documento*, opera nella quale sono raccolti testi scritti tra il 1966 e il 1973,

30. P. P. Pasolini, *"La sua intervista conferma che ci vuole il processo"*, «Il Mondo», 11 settembre 1975, in Id., *Lettere luterane*, cit., p. 131.

31. A. Rosselli, *Appunti sparsi e persi 1966-1977,* [I ediz. 1983], Empiria, Roma 1997, vv. 1-5, p. 89.

32. Ivi, vv. 20-36, pp. 32-33.

torna invece il riferimento al contesto europeo, come già in Sereni e Montale: «Continenza europea, semmai venne / con un carico di bestiame / come la terapia della scienza / che fu questo nostro pensare ogni / dì, la libertà di pensare»[33]. Gli anni Settanta non lasciano scampo — si pensi alla violenza delle azioni terroristiche, agli scontri di piazza e al diffondersi dei movimenti studenteschi e femministi – e nuovamente è la disgregazione di ogni unità nazionale e politica a forgiare i linguaggi. Dietro l'esperimento si cela spesso la tendenza alla dissociazione, alla decostruzione di quelle istanze d'impegno e diretta partecipazione ancora forti fino al decennio precedente. Il divario tra la pagina e la realtà si fa ora più tangibile e si avvia anche una profonda revisione delle categorie stesse di tempo e spazio. Alcune poesie di *Satura* sono emblematiche di tali cambiamenti in atto, come ad esempio *Gerarachie* o *Tempo e tempi*. In *Diario del '71 e del '72*, Montale con una poetica e un linguaggio completamente trasformati rispetto ai tempi della *Bufera* fissa alcune immagini indelebili della società italiana: la vecchia tartaruga che cammina male di *In un giardino "italiano"* diventa allegoria di un tempo che sfugge: «non c'è un'età per lei: tutti gli strappi / sono contemporanei»[34]. In un breve testo intitolato *La poesia* compare tra parentesi dopo il titolo l'indicazione: (in Italia). Questo preciso riferimento – assente in una poesia dallo stesso titolo contenuta in *Satura* – anche perché posto in posizione apparentemente marginale non può che richiamare l'attenzione sul dettaglio. «Dagli albori del secolo si discute / se la poesia sia dentro o fuori»[35] – recita

33. A. ROSSELLI, *Continenza europea…*, in Ead., *Documento*, in Ead., *Le poesie*, prefazione di G. Giudici, Garzanti, Milano 1998, vv. 1-5, p. 618.

34. E. MONTALE, *In un giardino "italiano"*, in Id., *Diario del '71 e del '72*, in Id., *Tutte le poesie*, cit., vv. 10-11, p. 492.

35. E. MONTALE, *La poesia*, in Id., *Quaderno di quattro anni*, in Id., *Tutte le poesie*, cit., vv. 1-2, p. 604.

l'*incipit* del testo – ma la conclusione è amara e il riferimento alla situazione italiana a questo punto si rafforza: «Dapprima vinse il dentro, poi contrattaccò duramente / il fuori e dopo anni si addivenne a un forfait / che non potrà durare perché il fuori / è armato fino ai denti»[36]. E l'amarezza è ancora più profonda in alcuni testi di *Altri versi* (1980): «Pare / non debba dirsi Italia ma / lo Sfascio. / È un fatto che si allunga, urge studiarlo / finché si esiste, dopo sarà tardi»[37]. Anche in *Al giardino d'Italia* si incontra la stessa desolata atmosfera racchiusa nell'immagine di «un caffè da gran tempo scomparso»[38] dove il poeta era solito un tempo incontrare Larbaud a cui peraltro la poesia è dedicata. Negli stessi anni Mario Luzi pubblica *Al fuoco della controversia* (1978) dove compare il componimento dal lapidario titolo *Muore ignominiosamente la repubblica*, pubblicato su rivista nel 1977 e poi in volume nella sezione *Segmenti del grande patema*: «Ignominiosamente la spiano / i suoi molti bastardi nei suoi ultimi tormenti»[39]. Si evoca qui la questione dell'emergenza terroristica che alla fine degli anni Settanta ave-

36. Ivi, vv. 3-6, p. 604.

37. E. Montale, *Ipotesi II*, in Id., *Altri versi*, in Id., *Tutte le poesie*, cit., vv. 1-5, p. 668.

38. E. Montale, *Al giardino d'Italia*, in Id., *Altri versi*, in Id., *Tutte le poesie*, cit., v. 2, p. 696.

39. M. Luzi, *Muore ignominiosamente la repubblica*, in Id., *Al fuoco della controversia*, in Id., *L'opera poetica*, [I ediz. 1998], a cura e con un saggio introduttivo di S. Verdino, Mondadori, Milano 2015, v. 2-3, p. 477. Nella sezione omonima si vedano anche i seguenti versi: «(Scarso lo scriba? anchilosato nell'arto? / vinto come all'ultimo suo ciascun artista / lui pure? o inenarrabile questo tempo? / questo tempo non ha lingua, non ha argomento?)», ivi, p. 481. A proposito di questa sezione Luzi scrive in M. Luzi – M. Specchio, *Luzi. Leggere e scrivere*, Nardi, Firenze 1993, p. 138: «Si instaura qui quella che nella storia, nella lessicografia cristiana si chiama agonia, cioè quel conflitto in cui sembra di doversi riscattare giorno per giorno, ora per ora, dalla condizione in cui l'uso e l'abuso di cose umane ci configgono [...]. Questa agonia cristiana diventa anche una specie di indignazione morale e politica di fronte a certe realtà della repubblica moderna, dello stato moderno, della società moderna». Si veda anche *In Italia* raccolta in *Per il battesimo dei nostri frammenti*, pubblicata per la prima volta nel 1985, dove una donna sconosciuta affacciata al

va suscitato gravi apprensioni riguardo alla stabilità del sistema democratico in Italia. Sono i tempi del rapimento di Aldo Moro e poi dell'assassinio dell'uomo politico democristiano. Il poeta afferma con forza tutto il suo sdegno per quella crisi sociale e politica che aveva portato agli "anni di piombo": non a caso il termine "ignominiosamente" ricorre ben sei volte.

Nello stesso anno, il 1978, anche Caproni dedica all'Italia una poesia civile dai toni amari, scritta solo un mese dopo il rapimento di Moro (il 16 aprile 1978): *Alla patria* appartiene ad una sezione di *Res amissa*, intitolata *Anarchiche o fuori tema*[40]. *Show*, *A certuni, Ahimé* e *Versicoli quasi ecologici* sono gli altri testi della sezione che ruota interamente intorno al concetto di "patria": si parla dell'Italia in momenti storici diversi. Non cambia, però, il giudizio severo del poeta. In *Alla patria* e *Ahimé*, fulminee invettive dal deciso sapore dantesco, l'Italia è definita "laida", una vera "disgrazia" esserci nato:

> Laida e meschina Italietta.
> Aspetta quello che ti aspetta.
> Laida e furbastra Italietta[41].

Se esser nati nella terra di Dante è motivo di sdegno per il poeta che impotente vede trascorrere alcuni tra i fatti più agghiaccianti della storia italiana, quello stesso sdegno è ciò che anima un nuovo senso identitario, presente, o meglio dominante, nei testi fin qui analizzati. Non più l'appartenenza ad una comunità culturale che seppure divisa e fragile al suo

---

balcone in occasione di una festa in piazza a Foligno, in Umbria, diventa rappresentazione dell'identità nazionale.

40. Cfr. S. MORANDO, *Indignazione. Le Anarchiche di* Res Amissa in *Giorgio Caproni. Parole chiave per un poeta*, a cura di L. Surdich e S. Verdino, «Nuova Corrente. Rivista di Letteratura», n. 149, anno LIX, 2012, pp. 91-101.

41. G. CAPRONI, *Alla patria*, in Id., *Tutte le poesie*, Garzanti, Milano 1999, vv. 1-3, p. 848.

interno condivida tradizioni, lingua, cultura, ma una forza civile, sotterranea e potente, la quale, nonostante fatti storici e politici che sembrerebbero decretare la fine di ogni unità, torna insistentemente a chiamare l'Italia, quasi a volerla scuotere, svegliarla da un lungo, troppo lungo, torpore.

«Questa è l'Italia e / non è questa l'Italia»: l'ansia della patria nella poesia di Pasolini

Improvviso il mille novecento
cinquanta due passa sull'Italia:
solo il popolo ne ha un sentimento
vero.

(Pasolini, *Canto popolare*)

La tradizione non è un obbligo, una strada,
e neanche un sentimento o un amore: bisogna
ormai intendere questo termine in un senso
antitradizionale, cioè di continua e infinita
trasformazione, ossia antitradizione, scandita
da una linea immutabile, che è simile alla
storicità per la storia.

(Pasolini, *Cultura italiana e cultura europea a Weimar*)

Le mie origini, in modo abbastanza tipico,
sono quelle dell'italiano piccolo-borghese.
Sono un prodotto dell'Unità d'Italia.

(Pasolini, *Pasolini su Pasolini*)

Nell'aprile del 1944 Fortini si interroga sulla condizione italiana: «Non abbiamo (non vogliamo avere) un'immagine d'Italia da sovrapporre agli stendardi della ricostruzione, né mai la malinconica prosopopea retorica della "formosissima donna sanguinante". [...]. Più che nelle cattedrali distrutte la casa è nella nostra lingua. Lingua dei dialetti contadini e cittadini, lingua dei libri, l'Italia è nella sua antichissima e nuova lingua che serba quanto è vivo della tradizione e prepara tutto il futuro. Anche nelle parole»[1]. Sono anni in cui l'Italia conosce una profonda trasformazione: il trauma della seconda guerra mondiale segnerà indelebilmente la cultura italiana e lascerà ferite con cui non sarà facile convivere. Un'intera generazione dovrà fare i conti con le rovine di un mondo distrutto e con la nascita di un nuovo immaginario, certo più complesso, attraversato da forze centripete in grado di stravolgere il volto del paese. Nel 1942 sulle pagine del «Setaccio» Pasolini, come Fortini, riflette sull'Italia e sul valore del concetto di "patria" in anni così drammatici e scrive: «Si può credere poeticamente nella patria, come si può credere poeticamente a Dio. È una fede che, imitando la vera, la equivale: ed è forse il nobile mezzo per conquistarla. Noi siamo orgogliosi di una siffatta fede nella patria [...]. La patria è chi l'ama: e in questo pensiero la fede non mi acceca»[2]. Sono per Pasolini anche gli anni del cosiddetto "periodo friulano" – nel 1942 pubblica *Poesie a Casarsa* e alla fine di quell'anno con la famiglia lascia Bologna e si trasferisce a Casarsa – nel quale nasce e si sviluppa la sua produzione poetica in dialetto, la *recherche*[3] pasolininiana, quel «tempo di elegia e di tormento»[4], come l'ha definito Giudici, che rappresenta una fase estremamente importante e ricca di suggestioni e tematiche che saranno poi elaborate e riprese costantemente nelle opere successive, «un ciclo di formazio-

---

1. F. Fortini, *Il silenzio d'Italia*, «Rivista della Svizzera italiana», IV, 29, aprile 1944, pp. 163-168 ora in Id., *Saggi ed epigrammi*, cit., p. 1214.

2. P. P. Pasolini, *Ragionando sul dolore civile*, «Setaccio», III, 2, dicembre 1942 ora in Id., *Saggi sulla politica e la società*, a cura di W. Siti e S. De Laude, con un saggio di P. Bellocchio, cronologia a cura di N. Naldini, Mondadori, Milano 2003, pp. 23-24. Si veda anche *Ultimo discorso sugli intellettuali*, «Setaccio», III, 5 marzo 1943 poi in Id., *Saggi sulla politica e la società*, cit., pp. 25-28.

3. Cfr. R. Rinaldi, *Pier Paolo Pasolini*, Mursia, Milano 1982.

4. G. Giudici, *Prefazione*, in P. P. Pasolini, *Bestemmia. Tutte le poesie*, vol. I, cit., p. XVI.

ne», «umana e intellettuale dove tutti gli esperimenti e le frequentazioni dei generi hanno luogo»[5].

Alla fine degli anni Quaranta escono le diciotto poesie in dialetto della raccolta *Dov'è la mia patria*, «esperimento estremo di poesia politica»[6], con intenti che si avvicinano, ma non coincidono con la propaganda neorealista dell'immediato dopoguerra. Se il grande affresco popolaresco qui realizzato per la prima volta non può dirsi privo di forzature ed elementi ancora non del tutto controllati, è però il primo tentativo di fare del dialetto uno strumento popolare e della raccolta un esperimento di epica popolaresca. Il componimento che dà il titolo alla raccolta *Dulà ch'a è la me patria* (Dov'è la mia patria) è interamente costruito intorno al concetto di patria, interpretato tramite un'intensa *vis* civile:

Si clamaràia italia?
Ciantaràni tal so grin
miliòns di muàrs tal so grin,
i ciantaràiu tal so grin?
– italia, nòn lusìnt?
        No, fantàt!
        La gnoransa,
        la pasiensa,
        li passiòns,
li passiòns sensa amoùr.
        No, fantàt!
        La gnoransa,
        la pasiensa,
        li passiòns.
Sinc àins di lementàrs,
mil àins di lavòur
bestemis e ombrena
di pensadis rudis,
        patria!

5. R. Rinaldi, *Pier Paolo Pasolini*, cit., p. 5.
6. Ivi, p. 64.

Scuela, bestemis e ombrena,
e cròus dal lavòur
dut pierdùt ta la gnoransa,
la pasiensa, l'italia
e i mil àins di lavòur.
No, fantàt!
La patria a è par me na sèit
Sierada ta un sen àrsit dal sec.
Nissùn a no ama i me mil àins di lavòur,
la me patria a è ta la me sèit di amòur.
No, fantàt![7]

Attraverso la mescolanza di diversi modelli – da quello pascoliano allo *spiritual* americano a suggestioni europee – Pasolini realizza qui un'operazione estremamente interessante perché la riflessione sulla lingua si combina con l'impegno politico in un'unica sebbene ancora non perfettamente decifrabile direzione, che condurrà a *Le ceneri di Gramsci*. Secondo Santato, in *Dov'è la mia patria?*, «l'incanto lirico-idillico si condensa, con un'evidente tendenza all'oggettivazione realistica, in immagini concrete, fisicamente riconoscibili»[8]. L'Italia non è un ideale, ma una realtà concreta e soprattutto corale

7. P. P. Pasolini, *Dulà ch'a è la me patria*, in Id., *Dov'è la mia patria*, Edizioni dell'Accademiuta, Casarsa 1949 in Id., *Tutte le poesie*, tomo I, a cura e con uno scritto di W. Siti, saggio introduttivo di F. Bandini, cronologia a cura di N. Naldini, Mondadori, Milano pp. 266-267. «Si chiamerà italia? Canteranno nel suo grembo milioni di morti, nel suo grembo? Canterò nel suo grembo? – italia, nome lucente? No, giovane! L'ignoranza, la pazienza, gli scontenti, gli scontenti senza amore. No, giovane! L'ignoranza, la pazienza, gli scontenti. Cinque anni di elementari, mille anni di lavoro, bestemmie e ombra di pensieri grezzi, patria! Scuola, bestemmie e ombra, e la croce del lavoro, tutto perso nell'ignoranza, la pazienza, l'italia e i mille anni di lavoro. No, giovane! La patria è per me una sete chiusa in un petto bruciato dall'arsura. Nessuno ama i miei mille anni di lavoro, la mia patria è nella mia sete di amore. No, giovane!».

8. G. Santato, *Pier Paolo Pasolini. L'opera*, Neri Pozza, Vicenza 1980, p. 78. Si veda F. Cadei, *La lingua dei desideri. Il dialetto secondo Pier Paolo Pasolini*, Manni, Lecce 2002. Si veda poi G. Santato, *Pier Paolo Pasolini. L'opera poetica, narrativa, cinematografica, teatrale e saggistica. Ricostruzione critica*, Carocci, Roma 2012.

e linguistica. L'io del poeta, dominante nella prima fase della produzione dialettale pasoliniana, si fa collettivo, interprete di un sentimento popolare, di una condizione che non affonda più le proprie radici esclusivamente nella storia individuale, ma a partire da quelle esperienze, dalla patria personale – Casarsa e il Friuli – si fa sempre più collettiva, patria degli umili, di chi lavora e fatica, di chi fa l'Italia in silenzio. Non è un caso che il punto di partenza – si potrebbe dire – di qualsiasi progetto o riflessione pasoliniana sia appunto la lingua. Si realizza qui, infatti, un «concreto impatto sperimentale con una più larga geografia linguistica, ovvero con la geografia dialettale friulana. [...] Questa pluralità di accenti dialettali tende anzi a configurarsi come *coralità di voci*»[9]. Dal dialetto di Casarsa si passa ad una varietà di dialetti friulani che testimoniano tale apertura, una ricerca che si spinge ben oltre la patria personale. Ciò è evidente in uno dei componimenti più intensi della raccolta, poi incluso ne *La meglio gioventù*, nella sezione intitolata *Romancero* (1947-1953), *El testament Coràn*:

Mi eri un pithu de sèdese ani
con un cuòr rugio e pothale
cui vuoj coma rosi rovani
e i ciavièj coma chej de me mare.
Scuminthievi a dujà a li bali,
a ondi i rith, a balà de fiesta.
Scarpi scuri! ciamesi clari!
dovenetha, tiara foresta![10]

[...]

9. Ivi, p. 79.

10. P. P. Pasolini, *El testment Coràn*, in Id., *Tutte le poesie*, cit., vv. 9-16, p. 119. «Io ero un ragazzo di sedici anni, con un cuore ruvido e disordinato, con gli occhi come rose roventi e i capelli come quelli di mia madre. Cominciavo a giocare alle carte, a ungere i ricci, a ballare di festa. Scarpe scure, camicia chiara, giovinezza, terra straniera!».

In mieth da la platha un muàrt
ta na potha de sanc glath.
Tal paese desert coma un mar
quatro todèscs a me àn ciapàt
e thigànt rugio a me àn menàt
ta un camio fer in ta l'umbría.
Dopo tre dis a me àn piciàt
in tal moràr de l'osteria.

Lassi in reditàt la me imàdin
ta la cosientha dai siòrs.
I vuòj vuòiti, i àbith ch'a nasin
dei me tamari sudòurs.
Coi todescs no ài vut timòur
de lassà la me dovenetha.
Viva el coragiu, el dolòur
e la nothentha dei puarèth![11]

Senza dubbio, uno dei componimenti più importanti della raccolta: qui si narra l'autobiografia postuma di un ragazzo ucciso per rappresaglia dai tedeschi nel 1944. Potrebbe dirsi il primo compiuto poemetto epico-narrativo di Pasolini, come sottolinea Santato, il testo che emblematicamente segna una vera e propria svolta poetica nella produzione pasoliniana e che introduce con forza alla seconda maniera friulana. L'andamento del testo ricorda gli autoepitaffi dell'*Antologia di Spoon River* di Edgar Lee Masters, mentre il titolo e la metrica (strofe di otto versi suddivisi in due quartine a rime alterne) sono

11. Ivi, vv. 57-72, p. 122. In mezzo alla piazza c'era un morto in una pozza di sangue agghiacciato. Nel paese deserto come un mare quattro tedeschi mi hanno preso e gridando rabbiosi mi hanno condotto su un camion fermo nell'ombra. Dopo tre giorni mi hanno impiccato al gelso dell'osteria. Lascio in eredità la mia immagine nella coscienza dei ricchi. Gli occhi vuoti, i vestiti che odorano dei miei rozzi sudori. Coi tedeschi non ho avuto paura di lasciare la mia giovinezza. Viva il coraggio, il dolore e l'innocenza dei poveri!

invece modellati sul *Testament Villon*[12]. Il *leit-motiv* della giovinezza interrotta, motivo innanzitutto autobiografico si incontra nella raccolta con una forte volontà di ricerca che trova in alcuni dei testi qui presenti prove certamente significative.

In *Unìnsi (Uniamoci)*, sette quartine di prevalenti novenari a rima alternata, a parlare è una donna, una delle poche donne che compare nella poesia pasoliniana, portavoce di una condizione di povertà comune. Questa rara figura femminile attira inevitabilmente l'attenzione: soprattutto perché seguita da una serie di anafore – «Unìnsi!» (Uniamoci!) ai versi 17, 21 e 25 – e da alcune espressioni-chiave – come quelle al verso 9 «Nu i crodìn» (Noi crediamo) e al v. 11 «di nustris vitis son montanis» (le nostre vite sono fiumi in piena) – che rinforzano il senso di una collettività così rappresentata; è possibile individuare in tale immagine quella del paese, di un'Italia ancora una volta raffigurata come donna povera e madre anziana:

Un dì l'altru i vivevi
Bessola cu li me passiòns:
nassuda puareta i morevi
dì par dì: il mal no'l à fons.

[...]

Nu i crodìn, vergognòus, sensa anima,
ta la miseria coma in Diu,
li nustris vitis son montanis
e i no vin peràulis par dilu[13].

Unìnsi! La nula a ven ploja,

12. *Note e notizie sui testi* a cura di W. Siti, M. Careri, A. Comes e S. De Laude in P. P. Pasolini, *Tutte le poesie*, tomo I, cit., p. 1491.

13. P. P. Pasolini, *Unìnsi*, in Id., *Dov'è la mia patria*, in Id., *Tutte le poesie*, tomo I, cit., vv. 1-4 e 6-9, p. 263. «Un giorno dopo l'altro vivevo sola con i miei scontenti; nata povera morivo giorno per giorno: il male non ha fondo. [...] Noi crediamo, vergognosi, senza anima, nella miseria come in Dio; le nostre vite sono fiumi in piena e non abbiamo parole per dirlo».

la siminsa a ven furmìnt,
il resultùm al ven roja:
i puarès varàn sintimìnt![14]

Al contrario di quanto ha recentemente affermato Lisa Gasparotto, secondo la quale in *Dov'è la mia patria* «lo spazio della patria si manifesta come fatto assai più individuale che collettivo e assai più intrapsichico che sociale»[15], l'Italia di Pasolini sembra qui aprirsi ad una dimensione più apertamente politica e la scelta di scrivere in un dialetto friulano che non è però quello dell'amata Casarsa non è secondaria. «Anche se entra in gioco il nome proprio», secondo Gasparotto, il paese non sarebbe definito politicamente[16] e resterebbe più nucleo simbolico che realtà politica, una precisa dimensione che dura poi almeno fino al 1954: ne *L'Umile Italia* la natura deve ancora "farsi nazione". Se è possibile in parte concordare con questa tesi, dal momento che non esiste in questa fase ancora una salda consapevolezza linguistico-politica, è altrettanto certo però che già in questi anni si manifesta la bozza di un progetto che lega strettamente piano individuale e collettivo e stringe inesorabilmente le sorti del Pasolini poeta a quelle del Pasolini intellettuale e scrittore. Si tratta di tensione, contraddizione, dialettica e scontro, mai di sovrapposizione o fusione di intenti. La stessa contraddizione tra passione e ideologia,

14. Ivi, vv. 14-17, p. 264. «Uniamoci! La nube diviene pioggia, il seme diviene grano, la sorgente diviene ruscello: i poveri avranno coscienza».

15. L. Gasparotto, *Una transizione imperfetta. Dov'è la mia patria di Pier Paolo Pasolini*, in *Lingua e identità a 150 anni dall'unità d'Italia*, a cura di M. Brera e C. Pirozzi, Franco Cesati Editore, Firenze 2012, pp. 127-144. Anche Daniela Brogi afferma a proposito di quest'opera: «La patria si conferma come cronotopo dell'interiorità»: D. Brogi, *Un'estetica passione: la patria di Pasolini*, in *Letteratura e identità nazionale nel Novecento*, cit., p. 151.

16. L. Gasparotto, *Una transizione imperfetta. Dov'è la mia patria di Pier Paolo Pasolini*, cit., p. 141.

di cui tanto si è parlato, trova la sua forza proprio nel fatto di non essere risolta e di non potersi risolvere. E qui, in *Dov'è la mia patria*, vi è già, benché *in nuce*, il disegno che si realizzerà nelle opere successive.

Pasolini, come è noto, aderisce nel 1945 all'associazione Patrie tal Friul che aveva un programma politico autonomista, nel 1947 prende parte al Movimento per l'autonomia regionale del Friuli, ma poi nello stesso anno decide di iscriversi al PCI (anche in seguito alla perdita del fratello Guido ucciso sui monti friulani)[17]. E dunque matura anche sul piano intellettuale e politico la sua posizione, in seguito a scelte mirate che non possono che riflettersi anche nella sua produzione poetica.

Il tema dell'identità è peraltro al centro anche delle poesie diaristiche che Pasolini pubblica nel 1945[18] e poi nel 1954[19] e di alcuni testi presenti o comunque legati a *L'Usignolo della Chiesa Cattolica*. *L'identità (Diario 1950)* è il titolo di una sezione che comprende il testo omonimo, esclusa dalla raccolta: anche qui domina la ricerca di una dialettica tra destino individuale e destino collettivo: «Dentro lo spazio del cuore perso nello spazio / un canto alpino...»[20].

Nel corso degli anni Cinquanta Pasolini scrive contemporaneamente ben cinque libri: i versi de *Le ceneri di Gramsci* (1957) e *La religione del mio tempo* (1961), le prose romanzesche-romanesche di *Ragazzi di vita* (1955) e di *Una vita violenta* (1959), i saggi poi compresi in *Passione e ideologia* (1960). Successiva-

17. Cfr. E. Siciliano, *Vita di Pasolini*, [I ediz. 2005], Mondadori, Milano 2015; G. Santato, *Pier Paolo Pasolini. L'opera*, cit.

18. P. P. Pasolini, *Diarii*, Accademiuta, Casarsa 1945.

19. P. P. Pasolini, *Dal diario (1945-47)*, Edizioni Salvatore Sciascia, Caltanissetta 1954.

20. P. P. Pasolini, *Toccata*, in Id., *L'identità (Diario 1950)*, in Id., *Tutte le poesie*, tomo I, cit., p. 575.

mente con le *Poesie incivili* de *Il glicine* e *La rabbia* e l'insorgere della passione per il cinema comincia un'altra stagione[21].

Non solo, ma è in questa fase, dopo l'uscita di *Ragazzi di vita* e delle *Ceneri*, nel pieno della stagione di «Officina», che Pasolini realizza una «consapevole operazione culturale di "reinvenzione della tradizione", ovvero sceglie di riattualizzare i contenuti sentimentali della poesia in dialetto, testimoniando l'accanita volontà di difendere, almeno sul piano letterario ed estetico, un modello ideale della patria e della cultura popolare che la storia smentisce ogni giorno»[22].

Sono questi gli anni in cui Pasolini lavora anche alle sue due maggiori fatiche da filologo e saggista: *Poesia dialettale del Novecento* e *Il Canzoniere italiano*. Quest'ultimo viene poi pubblicato nel 1955: qui si fa la distinzione tra la poesia epico-narrativa dell'Italia del nord e quella lirico-soggettiva dell'Italia centro-meridionale; il Friuli rappresenterebbe un'eccezione, poiché pur essendo una regione settentrionale non ha, però, una tradizione epico-narrativa, ma piuttosto lirica. Ed è proprio con i testi del *Romancero*, ispirati ai *Canti popolari del Piemonte* di Nigra, che Pasolini sembra voler colmare questa lacuna[23].

In questo senso va intesa la proposta del *Canzoniere italiano*, un progetto troppo spesso sottovalutato che raccoglie un *corpus* di circa ottocento testi suddivisi per regione e per aree linguistiche. L'obiettivo era quello di rendere note le espressioni tipiche della cultura popolare per salvare e conservare un patrimonio nazionale destinato per sua natura a disperdersi e scomparire.

21. Si veda A. Asor Rosa, *Prefazione*, in P. P. Pasolini, *Passione e ideologia*, Garzanti, Milano 1994.

22. D. Brogi, *Un'estetica passione: la patria di Pasolini*, in *Letteratura e identità nazionale nel Novecento*, cit., p. 150.

23. Cfr. *Note e notizie sui testi*, a cura di W. Siti, M. Careri, A. Comes e S. De Laude, in P. P. Pasolini, *Tutte le poesie*, tomo I, cit., p. 1492.

Proprio in occasione di tale progetto si fa più decisamente netta la dicotomia tra letteratura "popolare" e letteratura "ufficiale". Una dicotomia che invade poi gli scritti saggistici di questi anni, prefigurando così una costellazione di riferimenti e riflessioni intorno alla lingua e al paese che già testimoniano un'evoluzione importante nella visione politica e poetica di Pasolini. Come sottolinea Asor Rosa[24], in *La confusione degli stili*, Pasolini individua all'interno della situazione italiana una condizione connotata di fatto dal trilinguismo (dialetti negli strati popolari, *koinè* nella borghesia e gergo letterario nelle *élites*) offre, infatti, un ritratto della nazione italiana nel suo complesso, in particolare della sua «imperfetta e manchevole unità politica»[25].

Il problema della lingua e dello stile è per Pasolini una questione politico-ideologica strettamente connessa alla definizione dell'identità nazionale: ad una situazione sociale connotata dal trilinguismo non può che corrispondere un paese spaccato, attraversato da fratture – in prima istanza quella tra Nord e Sud – apparentemente impossibili da ricomporre in un disegno unitario. Da qui l'ansia di intervento nella società per fare della condizione intellettuale non solo un ruolo attivo, ma anche una vera e propria missione politica calata nel "farsi della storia":

> Per una qualsiasi sintesi, siamo troppo immersi in questo farsi della storia; ci è possibile pensare meglio che contemplare: pensare in un incalzante susseguirsi di decisioni pratiche da prendere e di scelte stilistiche. Al di là della divisione, ci sarà pure – coniamo l'irrazionale definizione – un "tono storico": un'*anima* del tempo; se non altro, appunto, nel dramma, nel dolore della divisione: da attingere – se ci è lecito moraleggiare un poco –

24. Cfr. A. Asor Rosa, *Prefazione*, cit.
25. Ivi, p. XIII.

attraverso una grande intransigenza interiore o una grande pietà per il mondo esterno[26].

E, se il trauma, dunque, che si esprime attraverso la moltiplicazione delle lingue e degli stili, non è solo storico e sociale, ma anche psichico e intellettuale, e comunque perfettamente individuale e personale[27], è possibile affermare che la ricerca pasoliniana conduce sempre, anche nel caso della poesia, ad un disegno che fa conflagrare le tensioni individuali con un orizzonte politico-sociale che, soprattutto da un certo momento in poi, non viene mai a mancare.

Lo sperimentalismo che lo stesso Pasolini distingue da quello del modello di Pascoli presuppone «una lotta innovatrice non nello stile ma nella cultura, nello spirito»[28]. Ne *La poesia popolare italiana* afferma: «Con la Toscana, siamo nel centro, non solo geografico, e non solo della letteratura popolare: il lettore ha già dunque dentro di sé, assimilati per nascita o educazione, i caratteri di questa regione come caratteri categorici dell'intera vita italiana»[29].

Anche in *Dal Pascoli ai neo-sperimentali*, Pasolini esprime questa visione "a tutto campo" della cultura, tracciando un quadro della poesia italiana del Novecento e individuando alcuni essenziali passaggi in essa e, tramite il riferimento costante al Gramsci di *Letteratura e vita nazionale*, elabora così una serie di puntuali riflessioni in merito all'italianità, sul duplice versante della storia della letteratura da una parte, e della storia delle mentalità dall'altra, come accade nella sezione relativa all'amato Pascoli. Qui vi è un confronto tra Francia e Italia,

26. P. P. Pasolini, *La confusione degli stili*, in Id., *Passione e ideologia*, cit., p. 384.
27. Ivi, p. XIV.
28. P. P. Pasolini, *La libertà stilistica*, in Id., *Passione e ideologia*, cit., p. 538.
29. P. P. Pasolini, *La poesia popolare italiana*, in Id., *Passione e ideologia*, cit., p. 217.

ripreso dall'analisi gramsciana in base al quale l'Italia avrebbe risentito di una situazione di "artificiosità" nell'Ottocento, per il fatto di non aver conquistato lo stesso contatto con le masse popolari, rispetto alla Francia rivoluzionaria, condizione dalla quale, secondo Pasolini, deriverebbero le tendenze involutive in atto nella società italiana tra Otto e Novecento:

> Sicché sono fin da quel tempo internamente in atto [...] quelle tendenze involutive di cui noi in questi ultimi decenni abbiamo goduto i risultati. Comunque si era, bisogna dire, in pieno, e qualificato, fervore: nel fervore di una nazione che si era appena istituita e di una classe sociale che si apprestava a farsene dirigente. Non si dimentichi che è in quei due o tre decenni che si gettano le basi (bene o male, ma con fondamentale onestà) le fondamenta filologiche su cui impiantare una interpretazione della storia letteraria italiana; e non si dimentichi – dato il periodo di esperienze coatte e omologate, politicamente e linguisticamente, che abbiamo appena superato – la varietà e la libertà delle ricerche erudite di quel tempo: dal De Sanctis al Nigra, dal D'Ancona al Pitrè, dal Comparetti al Rajna, per non fare che qualche nome[30].

Per tornare all'analisi della produzione poetica, ne *L'Usignolo della Chiesa Cattolica* (1958), in particolare il lungo poemetto diviso in cinque capitoli intitolato *L'Italia*, risalente al 1949, si pone come diretto antecedente degli ampi scorci descrittivi de *L'Appenino*. Secondo Santato, infatti, è «un'Italia immobile, solare, ancora immersa nel sonno questa contro la quale il giovane eretico lancia la sua rivolta»[31]. In questo che si potrebbe definire il «primo esperimento di poesia-racconto in lingua», perdura in parte una certa fiducia nel valore del canto civile: «Tu, Italia, troppo inquieta o tranquilla, / non senti,

30. P. P. Pasolini, *Dal Pascoli ai neo-sperimentali*, in Id., *Passione e ideologia*, cit., pp. 293-294.

31. G. Santato, *Pier Paolo Pasolini. L'opera*, cit., p. 132.

dormendo, l'usignolo della pazzia... [...] L'Italia rinasceva con l'alba della terra / vergine profumata di galli e radici, / stupendamente ignara della lingua / con cui, geloso della luce mattutina, / tentavo di dar voce alla sua Anima»[32].

> L'Italia rappresenta una dimensione nazionale affatto nuova per Pasolini, che fino ad allora si era mantenuto all'interno della piccola patria friulana: questo allargamento di prospettive corrisponde, oltre che allo sviluppo di una nuova geografia poetica, all'evoluzione linguistica testimoniata da *Lingua*, al collocarsi della parola in un ambito diverso, alla scelta di un nuovo interlocutore, di un nuovo pubblico ("Tu, Italia...")[33].

Con *Le ceneri di Gramsci*[34] Pasolini si fa scrittore nazionale, «vate di eventi auspicabili e fustigatore di vizi italiani»[35], senza abbandonare quello slancio e quella speranza già presenti nei testi de *L'Usignolo*, nonostante l'acuirsi di tensioni di carattere politico-sociale che si innesteranno sul fallimento degli ideali resistenziali.

In *L'Appennino* (1951), ampio affresco dei paesaggi appenninici italiani, domina la figura scolpita da Jacopo della Quercia di Ilaria del Carretto, giovane moglie di Paolo Giunigi, signore di Lucca tra il 1400 e il 1430, morta a venticinque anni nel dare alla luce la figlia. Giovane moglie e madre, già cantata da d'Annunzio in *Elettra* – «Ora dorme la bianca fiordaligi / chiusa ne' panni, stesa in sul coperchio / del bel sepolcro; e tu

32. P. P. Pasolini, *L'Italia*, Capitolo IV, in Id., *L'Usignolo della chiesa cattolica*, in Id., *Bestemmia. Tutte le poesie*, cit., vv. 19-20 e 30-34, pp. 387-388.

33. G. Santato, *Pier Paolo Pasolini. L'opera*, cit., p. 133. Sul concetto di "piccola patria" si vedano gli scritti di Pasolini pubblicati in N. Naldini (a cura di), *Un paese di temporali e di primule*, Guanda, Parma 2001.

34. Il libro, almeno fino al 1954, avrebbe dovuto intitolarsi *L'umile Italia*. Si veda W. Siti, *Oltre il nostro accanito difenderla*, introduzione a P. P. Pasolini, *Le ceneri di Gramsci*, Einaudi, Torino 1981.

35. A. Asor Rosa, *Prefazione*, in P. P. Pasolini, *Passione e ideologia*, cit., p. XX.

l'avesti a specchio / forse, ebbe la tua riva i suoi vestigi. // Ma oggi non Ilaria del Carretto / signoreggia la terra che tu bagni, / o Serchio»[36] – e da Quasimodo in *Ed è subito sera* nella poesia intitolata *Davanti al simulacro d'Ilaria del Carretto*[37] – «e tu / tenuta dalla terra, che lamenti? / Sei qui rimasta sola. Il mio sussulto / forse è il tuo, uguale d'ira e di spavento. / Remoti i morti e più ancora i vivi, / i miei compagni vili e taciturni»[38] – Ilaria è nel poemetto pasoliniano allegoria dell'Italia:

> Jacopo con Ilaria scolpì l'Italia
> perduta nella morte, quando
> la sua età fu più pura e necessaria[39].
> [...]
> Nelle chiuse palpebre d'Ilaria trema
> L'Infetta membrana delle notti
> italiane...[40]

Come a ragione afferma Giuseppe Leonelli, nella prefazione ad una recente edizione de *Le ceneri di Gramsci*, Ilaria diventa immagine dell'Italia «sullo sfondo di quel grave, immemore

---

36. G. d'Annunzio, *Le città del silenzio*, in Id., *Elettra*, in Id., *Versi d'amore e di gloria*, vol. II, cit., pp. 371-372.

37. Modello che, secondo Santato, sembra completamente estraneo allo sviluppo allegorico operato da Pasolini. Cfr. G. Santato, *Pier Paolo Pasolini. L'opera*, cit., p. 158.

38. S. Quasimodo, *Davanti al simulacro d'Ilaria del Carretto*, in Id., *Ed è subito sera*, in Id., *Poesie e discorsi sulla poesia*, [I ediz. 1971], a cura e con introduzione di G. Finzi, prefazione di C. Bo, Mondadori, Milano 1989, vv. 10-15, p. 105. Si veda anche sul tema la poesia scritta nel 1947, *Il mio paese è l'Italia*, raccolta in *La vita non è sogno*: «Il mio paese è l'Italia, nemico più straniero, / e io canto il suo popolo e anche il pianto / coperto dal rumore del suo mare, / il limpido lutto delle madri, canto la sua vita», ivi, p. 157.

39. P. P. Pasolini, *L'Appennino*, in Id., *Le ceneri di Gramsci*, prefazione di G. Leonelli, Garzanti, Milano 2015, p. 5.

40. Ivi, p. 6.

sonno, che è quello della nazione», dove si dispiega «la vita del popolo attraverso i secoli»[41].

Il sistema dei riferimenti si mostra particolarmente complesso se si pensa che agiscono insieme ad attitudini decadenti, questa volta più dannunziane che pascoliane, anche innesti di sapore ermetico e più dichiaratamente novecentista. L'espressione "chiuse palpebre", infatti, presente nei versi citati, richiama apertamente i versi ungarettiani di *Sentimento del tempo*: «A corredo di un breve saggio pubblicato sul "Setaccio" nel 1942 *Per una morale pura in Ungaretti*, Pasolini citava infatti un passo di *Memoria d'Ofelia d'Alba*, non certo uno dei testi più noti del *Sentimento del tempo*»[42].

Pasolini «si immerge qui nella descrizione di questo popolo di esclusi, di emarginati della civiltà e della storia, e sopravvissuto perciò intatto nella violenza originaria di una condizione più ferina che umana. [...]. L'assenza-esclusione del popolo (di questo popolo) dalla storia nazionale viene sentita, più che come ingiustizia storica, come uno stato quasi rousseauiano, vergine e primitivo, mantenutosi proprio grazie a quell'esclusione»[43].

Ne *Il canto popolare*[44] (1952-53) vi è l'elaborazione di un nuovo concetto di popolo («il popolo: muta in lui l'uomo il destino» recita il verso 36; e si noti anche la reiterazione del

---

41. G. Leonelli, *Le ceneri di Gramsci*, in P. P. Pasolini, *Le ceneri di Gramsci*, cit., p. IX.

42. G. Santato, *Pier Paolo Pasolini. L'opera*, cit., p. 158.

43. Ivi, p. 159.

44. Si veda il testo escluso da *L'Usignolo della chiesa cattolica* e dalle *Ceneri* intitolato *Scrivendo "Il Canto popolare"* in P. P. Pasolini, *Appendici a "L'Usignolo della Chiesa Cattolica"*, in Id., *Tutte le poesie*, tomo I, cit., p. 597: «Ride e piange l'Italia / se da qui, col canto // d'un ragazzo, improvviso, il suo esistere esprime. / Luna domenicale, / io, se sono vivo, // lo sono in questa terra, lo sono per la gioia / di conoscerla, e darmi / ad essa per averla», pp. 599-600. Si veda anche *L'italiano è ladro*, pubblicato su «Nuova Corrente» nel 1955 in P. P. Pasolini, *Tutte le poesie*, tomo II, cit., p. 794: «e mi penso che tra gli uccelli e il sole, / tra gli uccelli e il sole, c'erano le nostre risa, / mi penso che si telava dai casali / giù verso i posti frequentati dalle allodole, tra le Prealpi e il mare, lungo le correnti / dei fiumi, dove l'Italia sogna», vv. 27-32.

verso: «E il popolo canta») che è l'assoluto protagonista del poemetto, centro dell'intera utopia pasoliniana.

Picasso, pubblicata per la prima volta su «Botteghe Oscure» nel novembre del 1953 segna il passaggio dal concetto di popolo a quello di nazione: la nazione è definita "calda", "silenziosa", innocente e impura. Si può individuare qui una «decisa accentuazione della tendenza ragionativa e polemica, anzi l'assunzione della poesia a sede, ancor più significativa perché non specifica, del dibattito ideologico»[45]: si accelera il processo dialettico passione-ideologia a favore di quest'ultima, che domina anche nella rappresentazione di un'Italia sempre più disgregata e distinta in classi che non comunicano fra loro: «Non è questo / che l'atto in cui si sbriciola un'Italia / istituita [...] qui // è più acceso il senso di un'Italia / vibrante in un'antica nota / di pace, in una morte dolce come l'aria, // dove la classe più alta regna immota». Nonostante, poi, l'ultimo verso indichi una strada già abbandonata da tempo: «Bisogna / essere folli per essere chiari».

Ne *L'umile Italia*[46] (1954), poemetto strutturato sulla violenta opposizione tra paesaggio settentrionale e paesaggio meridionale, viene rappresentato un paese diviso da contraddizioni, dove però ancora resta superstite un senso di minima resistenza alla violenza imperante. L'attacco, non a caso di deciso sapore leopardiano, fa del recupero memoriale il motivo centrale, uno degli antidoti allo sfaldarsi dei valori tradizionali.

Le ceneri di Gramsci (1954), sezione V del poemetto che dà il titolo alla raccolta, rappresenta il momento di massimo *pathos*, confermato anche dalla struttura data all'intera opera che infrange l'ordine cronologico (precedente e non successivo a *Quadri friulani* del 1955): «E intorno ronza di lietezza / lo

45. Ivi, p. 162.

46. P. P. Pasolini, *L'Umile Italia*, in Id., *Le ceneri di Gramsci*, in Id., *Bestemmia. Tutte le poesie*, cit., p. 204.

sterminato strumento a percussione / del sesso e della luce: così avvezza // ne è l'Italia che non ne trema, come / morta nella sua vita»[47].

A questo gruppo di testi si affianca il secondo nucleo di poemetti delle *Ceneri*, tutti risalenti al 1956, dove «l'estetica passione della patria muta intonazione»[48] e l'ideologia detta le proprie inderogabili leggi.

E non si deve dimenticare il ruolo che l'esperienza di «Officina» ha per Pasolini proprio in questi anni; la sua funzione va inquadrata necessariamente in un'ottica generazionale, nell'ambito di un impegno condiviso – da Leonetti a Roversi a Volponi – in base al quale si tentava di coniugare l'istanza di impegno e di intervento nella società italiana con quella relativa alla ricerca espressiva e stilistica di un linguaggio "integrale" che consentisse nuove modalità comunicative:

> La rivista rispecchia tutte le contraddizioni, le novità e i ritardi di un destino intellettuale italiano in bilico tra vecchio e nuovo: aperto cioè ai nuovi fermenti della cultura, ma senza soluzione di continuità rispetto ai tradizionali modelli di centralità e di autonomia del campo letterario [...]. L'impegno a ricostruire un'identità letteraria lavorando sulle macerie della tradizione nazionale appare, a distanza, la tendenza dominante di «Officina» e trova proprio in Pasolini il suo promotore più convinto. Del resto, l'orientamento per un'identità letteraria che valga anzitutto nel senso di "eredità culturale" e che perciò sia tutta interna ai confini dell'italianità è coerente con il recupero della poesia popolare e dialettale compiuto da Pasolini in quegli stessi anni (*l'Antologia della poesia popolare* esce nel 1955). [...] L'alternativa al novecentismo consiste, essenzialmente, nella *reinvenzione di una*

47. P. P. Pasolini, *Le ceneri di Gramsci*, in Id., *Bestemmia. Tutte le poesie*, cit., sezione V, p. 231.

48. D. Brogi, *Un'estetica passione: la patria di Pasolini*, in *Letteratura e identità nazionale nel Novecento*, cit., p. 158.

tradizione risorgimentale e prenovecentesca che rimuove la cultura internazionale della crisi[49].

Da qui deriva anche l'importanza del poemetto narrativo come genere al confine tra poesia e narrativa e alcuni fondamentali tratti di quella linea "antinovecentesca" che poi avrà importanti sviluppi nei decenni successivi. Tale tentativo, non privo di un grande slancio utopico, non troverà corrispondenza, se non per breve tempo, nella società di quegli anni.

La negatività e il senso di una patria ormai perduta dominano definitivamente, invece, nei successivi *La religione del mio tempo* (1961) e *Poesia in forma di rosa* (1964). In *Nuovi Epigrammi* (1958-1959), raccolti ne *La religione del mio tempo*, si legge *Alla mia nazione*, uno dei testi forse più espliciti e amari che Pasolini abbia dedicato all'Italia. L'identità nazionale è intesa qui «come tema strettamente pertinente alla parola poetica»[50], nucleo problematico intorno al quale tutto il testo si costruisce. Non è però possibile definire l'Italia se non attraverso la negazione, se non tramite quella particolare attitudine del soggetto poetico, inevitabilmente connotata, non solo dal desiderio – come scrive Brogi – ma anche dal bisogno di declamare la propria solitudine in pubblico: «Non popolo arabo, non popolo balcanico, non popolo antico, / ma nazione vivente, ma nazione europea: / e cosa sei? Terra d'infanti, affamati, corrotti, / governanti impiegati di agrari, /prefetti codini, / avvocatucci unti di brillantina e i piedi sporchi, / funzionari liberali carogne come gli zii bigotti, / una caserma, un seminario, una spiaggia libera, un casino!»[51]. Si va definendo nella parabola della produzione pa-

49. Ivi, pp. 133-134.

50. Ivi, p. 125.

51. P. P. Pasolini, *Alla mia nazione*, in Id., *Bestemmia. Tutte le poesie,* cit., vv. 10-14, p. 555.

soliniana e nella società italiana di quegli anni la fine di qualsiasi mandato sociale conferito all'intellettuale: «Il privilegio di un tempo, la coscienza, si rovescia in condanna, in una mancanza di coscienza che decreta l'inferiorità e la vergogna italiana nel quadro internazionale»[52]. Non a caso ne *La Guinea*, poemetto pubblicato per la prima volta nel 1962 e poi in volume, in *Poesia in forma di rosa*, si registra questo profondo senso di stanchezza e sconfitta e si associano, come scrive Luperini, la fine di una salda identità nazionale e quella altrettanto decisiva di funzione sociale degli intellettuali: «Così mi risveglio, il mattino, in Italia, // con questa idea dei millenni stanchi / bollata nel cervello [...] l'Europa è così piccola, non poggia // che sulla ragione dell'uomo, e conduce / una vita fatta per sé, per l'abitudine, / per le sue classicità sparute»[53].

In *Progetto di opere future* (pubblicata in «Nuovi Argomenti», nel numero di marzo-giugno del 1964 e poi in *Poesia in forma di rosa*) si torna ancora una volta al problema della lingua e dello stile: «Se avrò poi cuore bastante / scriverò anche una "PASSIONALE STORIA DELLA POESIA ITALIANA"»[54]. Ma lo slancio è bloccato, la tradizione invocata – Dante innanzitutto – cambia di segno e si nega, come risuona in quel "No", dove l'eco dell'*Inferno* dantesco viene esibita e si carica di negativi presagi: «Gioco dialettico sprofondato nel profondo, oh / sì!, da ricostruire stilema per stilema, / perché in ogni parola scritta nel Bel Paese dove il No // suona, c'era opposto allo stile quel

52. R. Luperini, *Letteratura e identità nazionale: la parabola novecentesca*, cit., p. 19.

53. P. P. Pasolini, *La Guinea*, in Id., *Poesia in forma di rosa*, in Id., *Bestemmia. Tutte le poesie*, cit., p. 628.

54. P. P. Pasolini, *Progetto di opere future*, in Id., *Poesia in forma di rosa*, in Id., *Tutte le poesie*, cit., p. 1248.

Sema / imposseduto, la lingua di un popolo / che doveva ancora essere classe, problema // saputo e risolto solo in sogno»[55].

L'Italia, "piccola nazione", al centro di falsi dilemmi, è quasi irriconoscibile in questi versi, un'idea, un'atmosfera, qualcosa che continuamente sfugge: «E infatti la cosa è qua: / nell'atmosfera d'una piccola nazione, / che nella fattispecie è l'Italia – si dà // un falso dilemma tra la Rivoluzione e un'Entità / che vien detta Centrosinistra – con rossore dei Linguisti...»[56]. E il poemetto si conclude, come è noto, con il lapidario verso «La Rivoluzione non è più che un sentimento»[57].

Poesia in forma di rosa segna, dunque, la fine di ogni egemonia letteraria dell'identità nazionale; si consuma con gli anni Cinquanta, il senso utopico di una patria-nazione unita e si apre un tempo segnato da nuove incertezze, che investono non solo questo particolare aspetto culturale ma il senso stesso della poesia e della letteratura. Da qui in avanti il concetto di identità subirà una graduale trasformazione non consentendo più un diretto rispecchiamento tra "io" e "noi": il senso di una disgregazione generale investirà il panorama culturale per lasciare spazio solo ai frammenti di un disegno divenuto sbiadito. Le modalità di rappresentazione dell'Italia velocemente si trasformano e sfuggono ad una visione d'insieme, per farsi schegge di un discorso che non permette sintesi, né racconto, poiché vengono a mancare i nessi, il collegamento

55. Ivi, p. 1249. Allusione dantesca a *Inferno* XXXIII, 80 («del bel paese là dove 'l sì suona»). Si veda anche *L'Italia fascista*, testo conservato presso l'Archivio Contemporaneo Alessandro Bonsanti del Gabinetto Vieusseux di Firenze, ora in P. P. Pasolini, *Versi 1972-1974*, in Id, *Tutte le poesie*, cit. p. 1244: «L'Italia era come una povera isola in mezzo a nazioni / dove l'agricoltura era in declino, / e il poco grano era un oceano immenso / dove cantavano tordi, allodole, gli attoniti uccelli del sole / Le adunate si scioglievano sui palchi cadeva la brezza / e tutto era vero, / le bandiere continuavano a sventolare / al vento che non le riconosceva», vv. 19-26.

56. Ivi, p. 1256.

57. *Ibid.*

tra tradizione passata e cultura a venire, in uno scenario che muta e non smette di mutare e che, ancora oggi, non prende completamente forma.

Se Brogi individua in Pasolini una divaricazione tra i concetti di patria e nazione – da una parte la patria che rimanderebbe all'universo simbolico materno e, attraverso questo, ad un sistema di corrispondenze che ha nella natura il suo fulcro e dall'altra la nazione che invece rinvierebbe al tempo della storia e al cosidetto "paterno stato traditore" (*Le ceneri di Gramsci*) – che certamente emerge con più evidenza nella sua prima produzione fino agli inizi degli anni Cinquanta – è innegabile che poi però il discorso si complichi ulteriormente. La dicotomia tra patria e nazione, ma si potrebbe anche dire tra ossessione e sperimentalismo o tra passione e ideologia, di cui tanto si è parlato, trova nel caso dell'identità nazionale una sintesi, non rassicurante, né priva di forti tensioni, ma certamente vitale, sul duplice versante della produzione poetica e prosastica; come se l'elelmento materno – la natura – e quello paterno – la storia – avessero trovato sulla pagina un punto d'incontro e scontro estremamente ricco di implicazioni e conseguenze, una "contraddizione" certo, ma estremamente fertile, nonostante il senso tragico da cui è connotata, una lotta interna così forte nei versi ma che ha una voce chiara, potente, che raggiunge ogni luogo, classe, individuo.

All'idea di centro si sostituisce un'immagine spaziale connotata da "più margini", da forze centrifughe che portano ad oltrepassare frontiere, che siano reali o metaforiche, che sia il Friuli recuperato attraverso la memoria, lo spazio "romanzato" delle borgate romane, l'orizzonte utopico del Terzo Mondo o la tormentata appartenenza ad una lingua, ad una tradizione, ad una patria.

L'Italia "liquida" nei versi dei poeti italiani del secondo Novecento

> È raro trovare una persona che non agogni un riparo sicuro quale compensazione del caos personale.
>
> (Julia Kristeva)
>
> Creare significa sempre infrangere una regola.
>
> (Zygmut Bauman)
>
> I grandi artisti non hanno patria.
>
> (Alfred de Musset)

I margini si fanno centro, il centro si disgrega in infiniti frammenti, eppure in questa «odissea di forme» – la definizione è di Andrea Cortellessa – che la poesia contemporanea presenta vi sono percorsi estremamente riconoscibili, linee che si offrono alla lettura e all'analisi per poter ricomporre "a ritroso" un quadro composito che sfugge alla presa, ma non alla volontà di indagine.

Bauman, in *Modernità liquida* – libro al quale rinvia il titolo di questo capitolo – dimostra come il nostro sia un tipo di società individualizzata, privatizzata, in cui l'onere della rappresentazione e le responsabilità delle scelte ricadono sul singolo, essendosi annullata la coincidenza tra cittadino e individuo. Così il sogno di un'Italia nuova, di «un'Italia che, come auspicavano le ultime righe della Storia desanctisiana, si mostrasse in grado per l'appunto di "convertire il mondo moderno in mondo nostro"»[1] si mostra nel corso del Novecento, e ancor di più, nella seconda metà del secolo, null'altro che infranto, il segno di una durissima presa di coscienza che dalla letteratura deve necessariamente ri-definirsi perché si metta a fuoco il volto di un Paese moderno che ha fatto finalmente i conti con il passato e ne ha accettato le luci certo, ma soprattutto le ombre.

Se Guido Mazzoni, a proposito della poesia moderna, riferendosi in astratto alle arti afferma che «col crescere della complessità, cresce anche l'autonomia di ogni sistema che compone l'intero, e con essa la tendenza a sviluppare dei linguaggi distanti dal mondo della vita e incomprensibili per chi non conosca il retroterra che li ha generati»[2], ciò al contrario non può essere detto per la contemporaneità che registra una crescente complessità che, però, non porta all'allontanamento dal mondo, bensì ad una riflessione di tipo civile estremamente forte e presente. L'intellettuale ha perso ogni aura e il poeta non è riconosciuto quale ruolo fondante nella cultura odierna certo, ma il contesto non ha messo a tacere esperienze di valore che proprio dal giudizio sulla realtà sociale e sulla denuncia del tempo presente hanno tratto nuovo vigore e spessore per elaborare strategie stilistiche e inedite modalità di rappresentazione. D'altra parte, come scrive Mazzoni, «esprimere se stessi non significa infatti raggiungere la piena autonomia dalle attese altrui, ma vedersi riconosciuto un diritto che il poeta premoderno non conosceva: *il diritto all'inappartenenza*»[3]: ciò acquista ancor più valore se si pensa alla poesia contemporanea come ad un insieme eterogeneo di esperienze che ha alle spalle il racconto di una tradizione comune e da tutti condivi-

1. E. Galli della Loggia, *L'identità italiana*, cit., p. 128.
2. G. Mazzoni, *Sulla Poesia moderna*, Il Mulino, Bologna 2005, p. 209.
3. Ivi, p. 217.

sa, un canone che fino al primo ventennio del Novecento si mostra stabile, nonostante alcune inevitabili varianti. Da questo fondamentale diritto che nella contemporaneità, dopo la frattura delle guerre mondiali e le speranze deluse del secondo dopoguerra, si fa ancor più forte perché più forti sono il senso di disgregazione e il disorientamento, nasce anche il carattere di un Paese diverso che non può essere più *naturaliter* la patria che aggrega intorno a sé grazie a sentimenti arcaici, senza distinzioni di sorta. Il patto sociale non ha retto allo schianto; tutto sembra oggi ricondurre ad un concetto individualistico e narcisistico del fare poesia, eppure dalle ceneri di una patria infranta, rotta, squassata si leva un nuovo sguardo, fatto di molteplici prospettive, che ridona all'Italia la dignità che merita. La libertà – non a caso Bauman parla di «pro e contro della libertà»[4] – di non appartenere permette di ridisegnare lo stesso senso di unione tra persone e popoli che condividono tradizioni, costumi, lingue: non è solo l'Italia ad essere travolta da questo fenomeno, ma con lei l'Europa e, ampliando l'analisi, certo l'intero mondo occidentale. La storia ha prodotto cambiamenti che la poesia non può non cantare nei versi: tra il tema che qui sostanzia il discorso – l'Italia – e la produzione poetica del secondo Novecento si viene a creare un rapporto di stretta corrispondenza, poiché l'uno può farsi grimaldello per dissipare le nebbie dell'altra, la poesia "lente d'elezione" per leggere le trasformazioni in atto.

E dunque, se è vero che l'intero Novecento «appare un secolo di categorie velocizzate, in cui muta radicalmente la percezione del soggetto e del dato esterno»[5], è altrettanto cer-

4. Ivi, p. 5.

5. N. Lorenzini, *Introduzione*, in *Poesia del Novecento italiano. Dal secondo dopoguerra ad oggi,* a cura di N. Lorenzini, Carocci, Roma 2002, p. 12.

to che nella seconda metà del secolo tutto questo si complica ulteriormente e rende arduo un disegno d'insieme.

Gli anni Cinquanta sono un momento cruciale per l'elaborazione di nuove tendenze che avranno poi nel decennio successivo la loro massima espressione: si pensi alla pubblicazione di antologie quali *Linea lombarda* (1952) e *Quarta generazione* (1954), seguite poco dopo, nel 1956, da *Laborintus* di Edoardo Sanguineti. Contemporaneamente intorno a «il verri» si va costituendo il nucleo di giovani poeti che dà vita, nel 1961, all'antologia *I Novissimi: poesie per gli anni '60*, per l'editore Rusconi e Paolazzi nella collana *Le Poetiche*. Giuliani ha il compito di selezionare, introdurre e commentare le poesie dei suoi compagni – Pagliarani, Sanguineti, Balestrini, Porta – e, nelle successive edizioni Einaudi (1965 e 2003), aggiunge due *Prefazioni* che registrano la controversa ricezione della nuova poesia. Il senso di una svolta, seppure contraddittoria e capace di dividere lettori e critici su opposti fronti, accompagna questo *exploit*:

> La poesia si è trasformata in altro, solo che pensiamo a Sanguineti e al Gruppo '63, lontanissima dai progetti dell'anteguerra. Il raccordo con la tradizione si è così bruscamente interrotto da provocare le angosciose litanie verbali con cui Amelia Rosselli nella *Libellula* (il poemetto del '58) dissolve il suo bisogno irrealizzabile di ritrovare, attraverso Montale e Campana, una solida linea novecentesca[6]. [...] Se la critica letteraria dell'anteguerra è concentrata fondamentalmente sui poeti e sulla poesia, negli anni che seguono poeti e poesia si trovano confinati in una marginalità del tutto imprevista e per di più a cantieri aperti, incapaci di fissare un nuovo punto di equilibrio[7].

6. S. Giovannuzzi, *Tempo di raccontare. Tramonto del canone lirico e ricerca narrativa (1939-1956)*, Edizioni dell'Orso, Alessandria 1999, p. 13.
7. Ivi, p. 117.

Un discorso a sé merita, dunque, l'esperienza di rottura della Neoavanguardia che apre il varco alla metà del secolo e dà avvio ad una serie di sperimentazioni linguistiche di ampia portata. La volontà di denuncia è certamente la nota più forte di questa esperienza che fa della contaminazione dei codici e della provocazione della voce poetica le nuove modalità di scrittura. Il Gruppo 63 non farà che portare alle estreme conseguenze questa riflessione che è innanzitutto un attacco politico alle istituzioni. Ancora una volta la poesia si fa carico di un valore extraletterario, partecipa ad un contesto che va oltre la pagina e mira con esibita *ratio* a cambiare il mondo.

Secondo Luperini, «se si eccettua Arbasino che in *Fratelli d'Italia* tenta una ricognizione del costume nazionale misurandone la modernità nel confronto – ovviamente sfavorevole – con quella dei paesi più avanzati – e il Balestrini dei romanzi e delle *Ballate della signorina Richmond*, la neoavanguardia tende a cogliere una "schizofrenia" (il termine è di uno dei protagonisti, Alfredo Giuliani, nell'introduzione all'antologia *I Novissimi*) tipica dell'uomo moderno occidentale più che un orizzonte specificamente italiano»[8]. Tale giudizio, in parte senza dubbio condivisibile, lascia però emergere alcune ulteriori questioni aperte. Nonostante si possa riconoscere nella Neoavanguardia la "prevalenza della poetica sull'opera", come d'altro canto anche in molte esperienze legate alle avanguardie storiche, la "scoperta" della centralità del linguaggio e la questione della "riduzione del soggetto" fanno dei Novissimi coloro i quali hanno saputo toccare un punto centrale dell'arte contemporanea italiana, proponendone una profonda revisio-

8. R. Luperini, *Letteratura e identità nazionale: la parabola novecentesca*, in *Letteratura e identità nazionale nel Novecento,* cit., pp. 16-17.

ne di tipo eversivo con una forte connotazione ideologica che mostra tratti attuali ancora oggi.

Se è vero che gli autori del Gruppo 63 non rappresentano tanto l'identità e la coscienza di una nazione, quanto la sua disgregazione, come sottolinea Luperini, – tendenza che si riscontra anche in autori come Pasolini, Volponi, il secondo Calvino e l'ultimo Montale[9] – è possibile anche affermare che l'estrema attenzione al "fatto italiano" da denunciare o da esibire sia un aspetto ricorrente in tale esperienza, nonché la ridefinizione profonda dell'azione canonizzante che è alla base di un sapere letterario condiviso. Uno dei meriti storici del Gruppo 63 è, infatti, di aver svolto una radicale attività canonizzante, decostruendo un canone italo-centrico a favore di una nuova idea di letteratura europea, moderna e sperimentale, nonostante gli equivoci poi seguiti, soprattutto per la sovrapposizione in Italia di due concetti diversi come quello di "avanguardia" e quello invece di "modernismo"[10]. Le posizioni sono molteplici anche a distanza di tempo: se Cordelli indica la Neoavanguardia come l'esperienza cruciale dell'intero Novecento, Ferroni ripercorre la storia della nozione di «romanzo sperimentale», riducendone notevolmente la novità. Cortellessa, nell'intervento dal titolo *Notizie dal diluvio*[11], passa in rassegna le diverse posizioni per tentare di avanzare una o più risposte, l'esito di un difficile bilancio, un'indicazione sebbene non fissa, ma data dagli eventi in corso, da un presente solo in parte decifrabile, tramite la lente della contemporaneità.

9. *Ibid.*

10. Cfr. *Gruppo 63, Il romanzo sperimentale*, a cura di N. Balestrini, seguito da *Col senno di poi*, a cura di A. Cortellessa, L'Orma, Roma 2013.

11. A. Cortellessa, *Notizie dal diluvio*, in *Gruppo 63. Il romanzo sperimentale*, cit.

Ed è la contemporaneità, seppure scissa, disgregata, ingiusta ad essere al centro delle opere dei Novissimi. Antonio Porta, nel noto poemetto diviso in sei sezioni, *Che cosa si giustifica*, risalente al 1964 e dedicato a Edoardo Sanguineti, raccolto ne *I rapporti* (1966) scrive versi che non lasciano dubbi sulla sua idea di Italia: «Non volevo parlarvi della palude italiana, non di questa / terra, sono tutti fascisti, qui verminosi, o è proprio di questa / nel momento in cui decidevo di parlarne, e vi domando / su quale e come e con che, qualcosa potrà cambiare, più o mai»[12].

Nel 1963 Sanguineti pubblica *Capriccio italiano* e Arbasino *Fratelli d'Italia*[13], due opere – romanzi, commedie o affreschi che siano, difficilmente definibili dal punto di vista del genere – che, anche solo considerando la scelta del titolo, intendono offrire uno spaccato della vita sociale italiana tramite l'irrisione o la combinazione di *cliché* tutti italiani, tic e modi di una società, quella che tra gli anni Cinquanta e Sessanta, corre veloce verso la rivoluzione del 68. La famiglia e il matrimonio, i

12. A. Porta, *Che cosa si giustifica*, in Id., *I rapporti*, parte V, Feltrinelli, Milano 1966, vv. 6-9, p. 138; si vedano anche i versi: «Vi dico di sì, che cosa si giustifica e in prima istanza / se pensate ai fascisti, se ripetono di non risolvere e non / sanno in che punto si trovano, del paese e della storia e non / vogliono e ti costringono, se credete di salvare il salvabile, / e si passano la voce e sei finito», ivi, parte V, vv. 1-5, p. 138. Nella prima parte della raccolta compare due volte il riferimento all'Europa in *L'enigma naturale (epigrammi 1963)* e in *Europa cavalca un toro nero.*

13. A. Arbasino, *Certi romanzi*, Einaudi, Torino 1977, p. 197: «*Fratelli d'Italia* è stato scritto per la prima volta in un'epoca di spropositata euforia italiana, neanche tanto remota nel tempo (gli anni del Boom, tra la fine dei Cinquanta e i primi Sessanta), però attualmente così 'slontanata' e indecifrabile che riesce quasi impossibile spiegarla plausibilmente a chi non l'ha vissuta per ragioni di età: questa postface è dedicata ai lettori nuovi del libro. (Come diceva Palazzeschi: vengono a sapere che c'è questo vecchio futurista ancora in vita, e arrivano qui a farmi delle domande per le loro tesi sul futurismo; e a me sembra di raccontare cose più antiche dell'Impero romano..). Eppure le origini di tutte le nostre crisi attuali non si trovano fra i Quaranta e i Cinquanta, e nemmeno dopo il Sessantotto: le radici vere sono là».

legami sentimentali d'ogni sorte sono le lenti che permettono di realizzare l'affresco di una stagione.

Come scrive a ragione Alfredo Giuliani in *Autunno del Novecento*, Arbasino non fa che tornare sulla "Cosa italiana", dai romanzi sperimentali *Fratelli d'Italia* (1963) e *Super-Eliogabalo* (1969) agli interventi raccolti in *Fantasmi italiani* (1977), *In questo Stato* (1978) – scritto dedicato al caso Moro, «un deposito, magazzino, inventario e diario critico di tante cose pubbliche e private, personali e politiche dette, lette, fatte, scritte, vissute nel nostro Paese durante i due incredibili mesi» che sono trascorsi tra il sequestro del leader democristiano e l'omicidio della sua scorta, e il momento in cui fu ritrovato il suo cadavere – e soprattutto quelli di *Un paese senza* (1980) fino ai recenti *Ritratti italiani* (2014). Nel romanzo «a frammenti mobili»[14] *Super-Eliogabalo*, è la rivoluzione giovanile ad essere interpretata tramite un'ambientazione straniante che rinvia all'epoca della decadenza romana e un linguaggio estremamente sperimentale che mette in scena tutte le tecniche e gli strumenti delle avanguardie storiche. Con quattro mamme, figura allegorica che ritrae in sé la nuova generazione, l'imperatore-compagno Super-Eliogabalo non avrà un destino roseo:

> – Qui il Ritorno di Cesare, allora: non più massacrato, non più trafitto, ma in eccellente salute: con gli occhiali da sole e un'abbronzatura vittoriosa, la moglie al fianco, la cinepresa al collo, visto in bermudas oggi, Idi di Settembre Shopping, nel Piazza di Spagna Catering, appena fuori dall'American Shocking.
> – Comunque, nelle stanze per gli ospiti e i dipendenti, sempre e solo disgrazie! Stragi, massacri, epidemie, carestie, persecuzioni, deportazioni, brutte morti, cattiverie tremendissime! Così imparano! Siamo in Italia!!! La sede dell'orrore!!![15]

14. Quarta di copertina in A. Arbasino, *Super-Eliogabalo*, [I ediz. 1969], Einaudi, Torino 1978.

15. A. Arbasino, *Super-Eliogabalo*, Adelphi, Milano 2001, pp. 144-145.

Scritto nel 1968, come ha precisato l'autore, uscito l'anno dopo da Feltrinelli; ripreso nel 1978 da Einaudi, colse a caldo il senso più autentico di quella celebre avventura giovanile, restituendo così dell'Italia un ritratto severo che non lascia scampo e va oltre gli eccessi che l'esperimento aveva implicato.

Anche Pagliarani che sin dai versi de *La Ragazza Carla* non risparmia il presente del suo fermo giudizio – «E questo cielo contemporaneo [...] / questo cielo colore di lamiera / [...] questo cielo d'acciaio che non finge / Eden»[16] – realizza nella sua produzione un'intensa riflessione sulle sorti della società italiana già evidente nel passaggio da quest'opera a *La ballata di Rudi* (1995). Il passaggio epocale che si è consumato tra le due raccolte, come spiega Cortellessa, «traduce e trascina con sé anche tutta una serie di modifiche, oltre che immateriali assai tangibilmente materiali, che catastroficamente segnano il paesaggio visibile oltre a quello profondo (cioè morale e mentale)»[17]. Non può che trattarsi, in questo caso, di «epica interdetta» – definizione di Cortellessa – o «infetta» – termine usato da Marianna Marrucci – o, si potrebbe aggiungere, di «epica impossibile», là dove il mondo dei pescatori che lavorano al ritmo suggerito da Nandi va avanti e si ostina nonostante i cambiamenti profondi:

Ma dobbiamo continuare
come se
non avesse senso pensare
che s'appassisca il mare[18].

16. E. Pagliarani, *La Ragazza Carla*, in Id., *Tutte le poesie (1946-2005)*, a cura di A. Cortellessa, Garzanti, Milano 2006, p. 137.

17. A. Cortellessa, *La parola che balla*, in E. Pagliarani, *Tutte le poesie (1946-2005)*, cit., p. 46.

18. E. Pagliarani, *La ballata di Rudi*, in Id., *Tutte le poesie (1946-2005)*, cit., p. 336.

Pagliarani, non si può negarlo, è estremamente lucido riguardo al suo rapporto con il presente e scrivendo di se stesso e dell'esperienza dei Novissimi e del Gruppo 63 rivela:

> Si voleva sprovincializzare lo "Strapaese", contro i prudenti e i benpensanti in letteratura, contro i compitini dei bellettristi, contro un impegno ideologico meramente asseverativo, e per un impegno e una verifica dei ferri del mestiere, cioè sul linguaggio (ma, anceschianamente, in re non ante rem, come invece risultò comodo a non pochi). [...] A Pagliarani pareva sufficiente un imperterrito impegno sul linguaggio, e un lucido smagato rapporto col presente [...]. Il suo fondo di moralista padano lo tira giù coi piedi e la bile per terra, come si vede anche dai recenti *Epigrammi* estratti dal ferrarese Savonarola. E forse è questo il suo blasone[19].

E non a caso proprio agli *Epigrammi* (2001, ma già nel 1987 erano usciti gli *Epigrammi ferraresi*), suo ultimo libro, affida una nota che dimostra quanto profondo fosse il rapporto con Pasolini: «Dopo aver compiuto e pubblicato questa ricerca, mi accorsi che la mia parte di lavoro potevo e dovevo definirla un omaggio a Pasolini»[20]. E sempre a Pasolini è dedicato *L'angoscia della tua voce incrinata spezzata da un vento gelido di morte*, testo pubblicato nel 1995[21], che rivela l'importanza non di un modello, ma di un vero interlocutore che rendeva ancora possibile il dialogo: «potrò perdonarti di aver detto la verità, che questo benessere è una rovina / che tu avevi prevista [...] (Solo dopo aver trascritto epigrammi da Savonarola / *La carne è un abisso che tira in mille modi. / Così intendi della libidine dello Stato* / mi resi conto che dialogavo ancora con te)»[22].

---

19. E. Pagliarani, *Pagliarani Elio*, in *Autodizionario degli scrittori italiani*, a cura di F. Piemontese, Leonardo, Milano 1990, pp. 249-252.

20. E. Pagliarani, *Nota*, in Id., *Tutte le poesie*, cit., p. 368.

21. E. Pagliarani, *L'angoscia della tua voce incrinata spezzata da un vento gelido di morte*, «L'Espresso», 22 ottobre 1995, poi in Id., *Tutte le poesie*, cit., pp. 436-437.

22. *Ibid.*

Se gli anni Sessanta si aprono con toni di forte denuncia, la tensione non si stempera nel decennio successivo, al contrario si accresce il senso di un grande cambiamento che però porta anche a conseguenze ed eccessi di diverso segno che sempre più spesso giungono a minacciare l'ordine sociale.

Questa volta è Nanni Balestrini a ritrarre tali cambiamenti in *Primavera culturale*: «ritorna la voce / chi parla chi ascolta / la parola agli operai / l'Italia democratica / la voce diventa / rose rosse / dopo le piogge [...]. Baraonda finale / appello della / per una / vita italiana / chiedono immediate trattative per ottenere / l'acqua / e il silenzio»[23]. Non solo, ma in *La via dell'unità* torna addirittura la tradizionale rappresentazione femminile dell'Italia che fa ripensare a testi addietro non fosse per l'ironia e l'amarezza che i versi suggeriscono: «ci sa proprio fare / perfida ragazza / perfida biancaneve / è nata bene / senza piffero / fra i malumori / degli intellettuali in Italia / la sua stagione / è andata bene / pasqua eccezionale in Italia / l'Europa degli / si è arresa»[24]. Si vedano anche testi quali *La voce degli esuli* e *Mai più* nei quali Balestrini dimostra che anche nelle più ardue sperimentazioni sono sempre l'uomo e il mondo ad essere motivo profondo della scrittura.

L'ultima sezione, intitolata *Non capiterà mai più*, composta nel 1972, è costituita da dodici poesie ad ognuna delle quali è accostata una tavola di poesia visuale; l'andamento di questi testi è teso e, rispetto ad altri componimenti, è presente una maggiore concretezza, a partire dal fatto che vengono trattati argomenti e situazioni quotidiani, come in *L'urlo di furore*, dove è descritto un processo per stupro. Qui Balestrini

---

23. N. Balestrini, *Primavera culturale*, in Id., *Sconnessioni*, a cura di G. Alvino, Fermenti, Roma 2008, vv. 1-7 e 19-25, p. 54. Il testo fa parte della sezione intitolata *Non capiterà mai più* (1977).

24. N. Balestrini, *La via dell'unità*, in Id., *Sconnessioni*, cit., vv. 14-25, p. 56.

dà vita ad una poesia civile che pare, però, molto lontana da quella di Pasolini.

Tra gli anni Sessanta e Settanta Pasolini, fino alla sua tragica fine, è l'interlocutore privilegiato di molti intellettuali del momento, che a lui dedicano testi poetici, interventi saggistici, risposte polemiche e gesti provocatori. In *L'Appennino* si incontra la figura di Ilaria del Carretto, vissuta tra il 1400 e il 1430, morta di parto a venticinque anni. Giovane madre e moglie, già cantata da d'Annunzio e da Quasimodo – Ilaria diventa qui immagine dell'Italia:

> Dentro nel claustrale transetto
> come dentro un acquario, son di marmo
> rassegnato le palpebre, il petto
>
> dove giunge le mani in una calma
> lontananza. Lì c'è l'aurora
> e la sera italiana, la sua grama
>
> nascita, la sua morte incolore[25].
>
> [...]
>
> E non più Jacopo (più recente è il sonno
> di Ilaria) sotto le palpebre fonde
> in civile forma il popolare mondo
>
> italiano, e contro gli sfondi
> del suo paesaggio, non più scarnisce
> in luce di intelletto – che non nasconde
>
> la buia materia – una mano che unisce
> a Dio il povero rione[26].

25. P. P. Pasolini, *L'Appennino*, in Id., *Tutte le poesie*, cit., p. 777.
26. Ivi, p. 781.

Da *Le ceneri di Gramsci* – si pensi a testi quali *Canto popolare* e *L'umile Italia*[27] – a *L'Usignolo della Chiesa Cattolica* – in particolare il lungo poemetto intitolato *L'Italia*[28] del 1949 – a *La religione del mio tempo* – dove si leggono *Alla mia nazione*[29] e le *Poesie incivili (aprile 1960)* – e *Poesia in forma di rosa* – vengono alla mente i versi amari de *La Guinea*[30] – la produzione poetica pasoliniana segna indelebilmente la poesia del secondo Novecento, venendo a costituire un modello poetico e soprattutto ideologico-culturale con il quale è necessario fare i conti. E questo, come è noto, sarà particolarmente vero per gli intellettuali che prenderanno parte al Gruppo 63. Proprio nel 1963 Pasolini in un'intervista diceva ad Arbasino: «Sai cosa mi sembra l'Italia? Un tugurio i cui proprietari sono riusciti a comprarsi la televisione»[31]. Nonostante la vera e propria guerra che vedrà su fronti opposti Pasolini e la Neoavanguardia, fino al punto che Pasolini sembra costruire alcune opere proprio

---

27. P. P. Pasolini, *L'Umile Italia*, in Id., *Le ceneri di Gramsci*, in Id., *Bestemmia*, cit., p. 204.

28. P. P. Pasolini, *L'Italia*, Capitolo IV, in Id., *L'Usignolo della chiesa cattolica*, in Id., *Bestemmia*, cit., vv. 19-25, pp. 387-388. «Tu, Italia, troppo inquieta o tranquilla?, / non senti, dormendo, l'usignolo della pazzia... // Sfida qualcuno il tuo sonno di saggia nazione! / e arso dal suo coraggio, nel volontario / esilio del balcone aperto sul cielo, / egli trema al miracolo del paese notturno / che la prima luna del creato inargenta».

29. Per un'analisi del testo si veda D. Brogi, *Un'estetica passione: la patria di Pasolini*, in *Letteratura e identità nazionale nel Novecento*, cit., pp. 125-177. Si vedano i versi: «Milioni di piccoli borghesi come milioni di porci / pascolano sospingendosi sotto gli illesi palazzotti, tra case coloniali scrostate ormai come chiese. / Proprio perché tu sei esistita, ora non esisti, / proprio perché fosti cosciente, sei incosciente».

30. P. P. Pasolini, *La Guinea*, in Id., *Poesia in forma di rosa*, in Id., *Bestemmia*, cit., p. 628: «Così mi risveglio, il mattino, in Italia, // con questa idea dei millenni stanchi / bollata nel cervello [...] l'Europa è così piccola, non poggia // che sulla ragione dell'uomo, e conduce / una vita fatta per sé, per l'abitudine, / per le sue classicità sparute».

31. P. P. Pasolini, *Interviste corsare sulla politica e sulla vita. 1955-1975*, a cura di M. Gulinucci, Liberal Atlantide Editoriale, Roma 1995, pp. 57-58. Cfr. E. Galli della Loggia, *L'identità italiana*, cit., pp. 139-140.

"contro" gli intellettuali del Gruppo 63 – si pensi alla *Divina Mimesis* – in nome di un'idea di passato e di tradizione che non può non allontanarlo dai risultati degli esperimenti neoavanguardistici, esistono però anche tematiche in parte condivise.

Accusato di «ostinazione passionale» e «schematismo ideologico»[32], Pasolini elabora una riflessione sistematica intorno all'Italia, che prende avvio dalla denuncia dell'omologazione culturale e dalla mercificazione della vita sociale per giungere a toni sempre più aspri tra la fine degli anni Sessanta e l'inizio degli anni Settanta. Non sorprende che Alfonso Berardinelli giunga ad affermare che gli *Scritti corsari* resta «uno dei rari esempi in Italia di critica intellettuale radicale della società sviluppata»[33]; Pasolini è stato, prosegue Berardinelli, «uno degli ultimi scrittori e poeti italiani (con i suoi coetanei Zanzotto, Volponi, Giudici) inconcepibili in uno sfondo non italiano, astrattamente cosmopolitico»[34]. Nonostante questo possa essere detto per molti altri scrittori italiani, è evidente che nella produzione pasoliniana, poetica e saggistica, sia inscritta una *vis* civile talmente intensa che non trova pari nel panorama poetico del secondo Novecento. Pasolini è l'ultimo forse a guardare all'Italia e a tentarne un'analisi a tutto campo, saldo nel suo ruolo riconosciuto, e dunque "centrale", di intellettuale-poeta-scrittore che partecipa, interviene, si batte, legittimato da un'idea di letteratura e società che oggi si è perduta completamente, secondo le sue stesse previsioni:

> Che paese meraviglioso era l'Italia durante il periodo del fascismo e subito dopo! La vita era come la si era conosciuta da bambini, e per venti trent'anni non è più cambiata: non dico

32. Si veda A. Berardinelli, *Prefazione*, in P. P. Pasolini, *Scritti corsari*, [I ediz. 1975], Garzanti, Milano 2015, p. XI.

33. Ivi, p. XI.

34. Ivi, pp. XI-XII.

i suoi valori — che sono una parola troppo alta e ideologica per quello che voglio semplicemente dire — ma le apparenze parevano dotate del dono dell'eternità: si poteva appassionatamente credere nella rivolta o nella rivoluzione, che tanto quella meravigliosa cosa che era la forma della vita, non sarebbe cambiata. Ci si poteva sentire eroi del mutamento e della novità, perché a dare coraggio e forza era la certezza che le città e gli uomini, nel loro aspetto profondo e bello, non sarebbero mai mutati: sarebbero giustamente migliorate soltanto le loro condizioni economiche e culturali, che non sono niente rispetto alla verità preesistente che regola meravigliosamente immutabile i gesti, gli sguardi, gli atteggiamenti del corpo di un uomo o di un ragazzo. [...] Ora che tutto è laido e pervaso da un mostruoso senso di colpa — e i ragazzi brutti, pallidi, nevrotici, hanno rotto l'isolamento cui li condannava la gelosia dei padri, irrompendo stupidi, presuntuosi e ghignanti nel mondo di cui si sono impadroniti, e costringendo gli adulti al silenzio o all'adulazione — è nato uno scandaloso rimpianto; quello per l'Italia fascista o distrutta dalla guerra. I delinquenti al potere — sia a Roma che nei municipi della grande provincia campestre — non facevano parte della vita: il passato che determinava la vita (e che non era certo il loro idiota passato archeologico) in essi non determinava che la loro fatale figura di criminali destinati a detenere il potere nei paesi antichi e poveri[35].

E Pasolini è presente anche nei versi dei poeti, come figura di un passato irrimediabilmente perduto o emblema di quell'ostinazione civile ancora oggi d'esempio per molti: con omaggi, dediche apertamente o velatamente esibite, è innegabile che sia possibile vedere nella sua produzione una riflessione tanto articolata sull'Italia, da farne un punto di riferimento anche a distanza di tempo e anche in esperienze apparentemente distanti. Come se fosse una fitta trama di richiami, il dialogo con la figura pasoliniana si arricchisce dagli anni Set-

35. P. P. Pasolini, «Il Tempo», 10 giugno 1973, in Id., *Scritti corsari*, cit., pp.143-147.

tanta in poi, proprio sul *fil rouge* di un canto civile che mira a ricostruire il senso di un Paese diviso, a pezzi, in frantumi.

Non è un caso se in *Viaggio d'inverno* (1971) di Attilio Bertolucci si trova un testo dedicato a Pasolini che ritrae con grande forza e lucidità il tempo presente, con l'aperto riferimento alla "nostra terra": «Sopravvivenza, la nostra terra? Ma durano a lungo / questi crepuscoli, come d'estate che mai, mai // viene l'ora della lampada accesa [...] // Soltanto ci sia dato, in un tempo incerto / di trapasso, ricordare, ricordare per noi // e per tutti, la pazienza degli anni / che i lampi dell'amore ferirono – e si spensero»[36]. E a Pasolini è dedicato anche il poemetto intitolato *Le ceneri di Pasolini* che Sanguineti pubblica nel 1979: «Questa tua vecchia Italia è una tetra rovina, / se è ignara già del suo passato, inferiore / a ogni nostalgia di futuro, in questo impraticabile / presente, se praticabile è soltanto, / oggi, l'inconscio»[37].

Da Sanguineti a Pagliarani, a Nelo Risi – si veda *Italia* ne *Le Risonanze* (1987) – ad Amelia Rosselli – in *Appunti sparsi e persi 1966-1977* –, alle ultime poesie di Caproni – *Dopo aver rifiutato un pubblico commento sulla morte di Pier Paolo Pasolini* e *Pasolini* in *Res Amissa* (1991) –, Pasolini è il dedicatario di testi che raccolgono il segno della sua permanenza, spesso una confessione, ma sempre tramite un forte richiamo all'Italia, ad un'appartenenza tormentata e contraddittoria, ma sempre estremamente intensa.

Anche tra i poeti più giovani – Dario Bellezza certo, ma anche Gianni D'Elia – il richiamo pasoliniano è potente. Se si considera la raccolta d'esordio di D'Elia *Non per chi va* (1980)

36. A. Bertolucci, *A Pasolini (in risposta)*, [I ediz. 1990] in Id., *Viaggio d'inverno*, in Id., *Le poesie*, Garzanti, Milano 2001, vv. 1-3 e 7-10, p. 229.

37. E. Sanguineti, *Le ceneri di Pasolini*, in Id., *Segnalibro. Poesie 1951-1981*, [1982], Feltrinelli, Milano 2010, p. 406.

– a cui sono seguiti *Febbraio* (1985) con prefazione di Franco Loi, *Segreta* (1989) con una nota di Mario Luzi, *Notte privata* (1993) e *Congedo della vecchia Olivetti* (1996), fino ai più recenti *Sulla riva dell'epoca* (2000), *Bassa stagione* (2003) e *Fiori del mare* (2015) – già appare visibile l'orizzonte tematico che connoterà la sua produzione successiva, segnata da un impegno politico costante che emerge anche nelle prose – si pensi a *Infernuccio itagliano* (1988) e a *Gli anni giovani* (1995) – e dallo sviluppo di un discorso civile che si coniuga con una parallela riflessione sulla lingua, come risulta esplicito in uno dei suoi testi più conosciuti, intitolato *Air du temps*:

Scroscia il tempo dell'Atlantico e lo spazio ancora
si comunica a folate, l'aria viaggia ora
alle basse pressioni di stagione d'ogni anno - e non è
ben strano che il sinistro acqueo danno (come
pure il bello che era prima - forse, luogo non è clima?)

addensandosi in alto venga da lontano,
travalichi montagne, si scarichi sul piano
oltrepadano e sradichi alberi, divelga viti
già cariche di grappoli succosi, e inondi e triti

più città in una macina di fango e frane
di terra, crolli di strade e ponti, come una guerra
scoppiata altrove e ingrossatasi per pura grama
noncuranza dei venti mulinanti sciagura

ad altri spazi, da altri tempi - qui all'umana italiana
incuria d'effetti aggiunti a natura?...[38]

Mentre in *Notte privata* (1993) si infittiscono gli echi danteschi «per sottolineare l'incupirsi fra incubo e grigiore della

38. G. D'Elia, *Air du temps*, in Id., *Congedo della vecchia Olivetti*, Einaudi, Torino 1996, p. 92.

realtà politico sociale dell'Italia rampante e proto-berlusconiana»[39] – emblematici a questo proposito i versi di *Per una ballata italiana*: «O questa nuova gente / in ascesa da oscuri / poteri innominati, spuri / dello spreco affluente»[40] – nelle raccolte successive si fa più forte la contraddizione e certa l'impossibilità di ogni soluzione.

La ricognizione potrebbe continuare, ma il risultato confermerebbe ciò che già emerge ad una prima analisi: l'azione d'urto della poetica pasoliniana ha aperto il "varco" nel mezzo del secolo e ha illuminato con luci abbaglianti ed estreme l'Italia tutta. Così, se si può dire infranto per sempre il sogno desanctisiano di un'Italia nuova, in grado di trasformare il mondo moderno in uno che sia "nostro", si deve anche riconoscere che alla poesia del Novecento Pasolini lascia molto di più di un'eredità o di un modello. Il suo sguardo, ostinato e appassionato, fisso sull'Italia, indica a noi e ad altri ancora, infinite strade da percorrere.

---

39. A. Baldacci, *Gianni D'Elia*, in *Parola plurale. Sessantaquattro poeti italiani fra due secoli*, cit., p. 259.

40. G. d'Elia, *Per una ballata italiana*, in Id., *Notte privata*, in *Parola plurale. Sessantaquattro poeti italiani fra due secoli*, cit., vv. 9-12, p. 266.

Parte III

La Patria?

"La patria addormentata". Figure di un'identità incerta nella poesia italiana contemporanea

Più che bellezza: è un'appartenenza
Elementare, semplice, già data.
Ah, non toccate niente, non sciupate!
C'è la mia patria in quelle pietre, addormentata.

(Patrizia Cavalli, *La patria*)

Lui è lui, io forse io, nessuno è noi.

(Fabio Pusterla, *Corpo stellare*)

Negli ultimi quarant'anni l'immagine del Novecento letterario si è progressivamente trasformata connotandosi sempre più come realtà complessa e stratificata, per cui risulta sempre più difficile individuare un canone[1] condiviso, soprattutto per quanto riguarda la poesia. La questione del canone si fa ancora più ardua per il periodo che comprende l'ultimo scorcio del secolo, con inevitabili argomenti comuni al dibattito intorno all'identità nazionale italiana. Nella *Prefazione* e *preludio* al suo *Canone occidentale* Harold Bloom risponde alla estrema disgregazione del presente con l'affermazione perentoria di un *auctoritas* "controcorrente" che stabilisca attraverso un canone condiviso un nuovo e stabile orizzonte di riferimenti. Questa operazione, per quanto abbia portato ad innumerevoli riflessioni e allo sviluppo di un dibattito ancora in atto, senza

1. Cfr. *Un canone per il terzo millennio*, introduzione e cura di U. M. Olivieri, Mondadori, Milano 2001; *Il canone letterario del Novecento italiano*, a cura di N. Merola, Rubbettino, Soveria Mannelli 2000.

dubbio oggi non sarebbe più possibile, soprattutto nel contesto italiano.

Il tema identitario, nonostante la varietà di posizioni e di rappresentazioni, permette di analizzare tale quadro "in movimento", grazie al ricorrere di figure e motivi che possono contribuire ad illuminare un capitolo importante della nostra letteratura, nonché chiarire la questione dell'auto-rappresentazione di un Paese ricco di contraddizioni e di lati in ombra. Il panorama poetico che tra gli anni Settanta e Ottanta si delinea è estremamente composito, anche se risulta possibile tracciarne un quadro necessariamente sintetico che avrà qui funzione di riferimento costante e storicizzazione del tema. I versi di *Satura* (1971) costituiscono una profonda svolta, non solo nella parabola della produzione montaliana, ma per tutta la poesia novecentesca successiva che da questo momento in poi dovrà confrontarsi con un modello nuovo che si avvicina alla prosa e ai linguaggi della più quotidiana realtà, con l'intento di narrare più che descrivere, di denunciare – e qui entrano in campo l'ironia, l'autoironia e la critica al presente – più che di indicare: da *La Storia* («La storia non si snoda / come una catena / di anelli ininterrotta»[2]) a *La poesia* a *Piove* a *Tempo e tempi* («Non c'è un unico tempo: ci sono molti nastri / che paralleli slittano»[3]) a *Il repertorio* («Il repertorio della memoria / è logoro»[4]) si ridisegnano i concetti di tempo e spazio ed emergono i nuovi segni di una riflessione sul momento presente e sull'identità fragile di un'Italia scossa dalle conseguenze di lunga durata del Sessantotto e dagli effetti dei cambiamenti

2. E. Montale, *La storia*, in Id., *Satura*, in Id., *Tutte le poesie*, a cura di G. Zampa, Mondadori, Milano 1984, vv. 1-3, p. 323.

3. E. Montale, *Tempo e tempi*, in Id., *Satura*, in Id., *Tutte le poesie*, cit., vv. 1-2, p. 350.

4. E. Montale, *Il repertorio*, in Id., *Satura*, in Id., *Tutte le poesie*, cit., vv. 1-2, p. 403.

politici in atto che sarà elaborata e troverà maggiore spazio nelle raccolte successive, nel *Diario del '71 e del '72*, nel *Quaderno di quattro anni* e in *Altri versi*.

Se è vero che «nell'ultimo quarto del secolo il postmoderno ha gettato su situazioni, paesaggi, cose e persone raffigurati, ma anche su parole e stile una patina transnazionale e globalizzata che esprime una condizione caratterizzata dalla crisi di qualsiasi appartenenza (di nazione, di regione, di classe sociale)»[5], è ugualmente possibile affermare che, nonostante tale situazione costituisca lo scenario storico-letterario imperante, sopravvivono voci poetiche che ancora tentano la strada del dissenso, tramite strategie retoriche ricorrenti ben riconoscibili strettamente legate alla tradizione letteraria novecentesca: dalla negazione che in realtà afferma – una litote fortemente polemica che scardina l'idea stessa di appartenenza ma non ne annulla il desiderio – ad una ossessiva attitudine all'interrogativo, alla domanda che, pur restando senza risposta, afferma la volontà incrollabile di capire. Si pensi al Luzi di *Al fuoco della controversia* (1978) – dove peraltro è raccolto il testo *Muore ignominiosamente la repubblica* – o a *Il Galateo in bosco* (1978) di Zanzotto – emblematica la poesia *Rivolgersi agli ossari*...[6] – o ancora, di qualche anno successivo, a *Salutz* (1986) di Giudici.

Molti dei poeti italiani, già affermatisi prima degli anni Settanta, dedicano i loro versi all'Italia, dando ampio respiro ad

5. R. LUPERINI, *Letteratura e identità nazionale: la parabola novecentesca*, in *Letteratura e identità nazionale nel Novecento*, cit., p. 25.

6. A. ZANZOTTO, *Rivolgersi agli ossari...*, in Id., *Il Galateo in Bosco*, Mondadori, Milano 1978; ora in Id., *Le Poesie e Prose scelte*, a cura di S. Dal Bianco e G. M. Villalta, con due saggi di S. Agosti e F. Bandini, Mondadori, Milano 1999, pp. 565-566: «[...] E si va per ossari. Essi attendono / gremiti di mortalità lievi ormai, quali gemme di primavera, / gremiti di bravura e di paura. A ruota libera, e si va. / Buoni, ossari – tante morti fuori del qualitativo divario / onde si sale a sicurezze di cippo, / fuori del gran bidone (e la patria bidonista, / che promette casetta e campicello / e non li diede mai, qui santità mendica, acquista) [...]».

una poesia di tipo civile che spesso è rimasta ai margini rispetto alla restante produzione di poeti e poetesse più conosciuti per testi di altra natura. In *Vanitas*, una poesia della raccolta *Transito con catene* (1977) di Maria Luisa Spaziani si cita l'Europa, secondo una modalità riscontrabile in Sereni e Montale: «La bella Otéro danza dentro una cartolina, / sono passati anni che sembrano millenni. / L'Europa andava a fondo / tra piume e crinolina»[7]. E, in un'opera più tarda, *I Fasti dell'ortica* (1996) si legge *Italia '92-93* : «L'Italia è un paese di gente piccola, / vestita di saio o cotonina da mercato, / da secoli invasa, soggetta a soprusi e Diktat. / Non possiamo non dirla una nazione, / cinta dai suoi tre mari, coronata di nevi. / E tutti quegli scandali e il suo marasma attuale / è la coscienza inquieta di ogni parvenu»[8]. L'intero testo oscilla tra un'immagine "povera" e una fiera dell'Italia che, nonostante tutto, conserva una storia ricca di tradizioni, in nome della quale si afferma l'unità.

Nel 1978, anche Caproni dedica all'Italia una poesia politica, scritta dopo il rapimento di Moro (il 16 aprile 1978): *Alla patria* («Laida e meschina Italietta»[9]) appartiene ad una sezione interamente dedicata all'Italia, dal titolo *Anarchiche o fuori tema* della raccolta postuma *Res amissa* (1991). Mentre *Show* («Sordidi fautori / dell' "ordine", il limo / del loro animo tinge / di pus la sicumera / dei lineamenti»[10]) e *A certuni* («Essere in disarmonia / con l'epoca [...] è una nostra mania»[11]) risal-

7. M. L. Spaziani, *Vanitas*, in Ead., *Transito con catene*, in Ead., *Poesie*, cit., vv. 1-4, p. 149.

8. M. L. Spaziani, *Italia '92-93*, in Ead., *I fasti dell'ortica*, in Ead., *Poesie. 1954-1996*, [1996], Mondadori, Milano 2000, vv. 17-23, p. 276. «Siamo nipoti di emigranti» v. 27 «Riaffiora il ricordo di ciò che non sappiamo» v. 31.

9. G. Caproni, *Alla patria*, in Id., *Tutte le poesie*, Garzanti, Milano 1999, v.1, p. 848.

10. G. Caproni, *Show*, in Id., *Tutte le poesie*, cit., vv. 12-16, p. 845.

11. G. Caproni, *A certuni*, in Id., *Tutte le poesie*, cit., vv. 9-10 e 12, p. 851.

gono ai primi anni Ottanta, *Lorsignori* («Lavoran per la pace / preparando la guerra»[12]) è stata scritta negli anni Sessanta (poi inclusa nell'antologia *Poesia satirica d'oggi* pubblicata da Guanda nel 1964), *Alla patria, Ahimé* e *Versicoli quasi ecologici* negli anni Settanta. *Alla patria* e *Ahimé*, dal sapore decisamente dantesco, brevissime, sono l'una il completamento dell'altra: «Fra le disgrazie tante / che mi son capitate, / ahi quella d'esser nato / nella "terra di Dante"»[13]. Dalla forte rabbia che anima questi versi emerge un nuovo senso identitario, dato dall'autorevolezza della voce poetica che scaglia i suoi dardi contro la dilagante corruzione del presente e il malcostume italiano; come il poeta dichiara in un'intervista del 1988 vi era la speranza di «una democrazia molto diversa dall'attuale, una democrazia che fosse veramente una democrazia, e non una partitocrazia»[14].

La delusione, il risentimento e una rabbia impotente sono altrettanto forti nel poemetto che Sanguineti dedica a Pasolini dopo la sua morte, *Le ceneri di Pasolini*, pubblicato nel 1979:

> Questa tua vecchia Italia è una tetra rovina,
> se è ignara già del suo passato, inferiore
> a ogni nostalgia di futuro, in questo impraticabile
> presente, se praticabile è soltanto,
> oggi, l'inconscio. E quelli, ossessionati
> dagli spettri informi del Palazzo e del Potere,
> volgono gli occhi riflessivi e timidi,
> affascinati da questa bellezza funeraria[15].

---

12. G. CAPRONI, *Lorsignori*, in Id., *Tutte le poesie*, cit., vv. 4-5, p. 850.
13. G. CAPRONI, *Ahimè*, in Id., *Tutte le poesie*, cit., vv. 1-4, p. 849.
14. L. GATTI, *Identità nazionale e parola poetica: per un percorso didattico sul secondo Novecento*, «Per Leggere», n. 22, primavera 2012, pp. 119-127.
15. E. SANGUINETI, *Le ceneri di Pasolini*, in Id., *Segnalibro*, cit., p. 405-408 : 406.

Da nemico storico ad autore di un omaggio, Sanguineti si appropria dello stile pasoliniano per cantare con amarezza alcuni tratti dell'«impraticabile presente», reso tale anche dalla scomparsa violenta di Pasolini. L'Italia è ridotta a rovina, senza passato né futuro, a ricordo malinconico del grande intellettuale, odiato tanto quanto stimato: «ti penso un'ultima volta, e ti parlo»[16]. L'omologazione, il proletariato e il sottoproletariato, la coscienza di classe e le giovani generazioni: i grandi temi pasoliniani sono attraversati per verificarne la presenza o la mancata soluzione nella realtà sociale contemporanea. – Cosa resta di te "fratello infelice?" –: la risposta è nell'opera e nella grande paura che tutto si trasformi in cenere.

Di altro segno il risentimento di Nelo Risi che nella raccolta della maturità, *Le risonanze* (1987) dedica all'Italia una poesia altrettanto "indignata": «Non è più nostra madre / avara di figli partorisce disastri; / malgrado il rombo ininterrotto / dei motori i colpi sono chiari, / le stanno approntando una lunga bara»[17]. L'intento civile, già presente nella sua produzione sin dagli anni in cui, poco più che trentenne, veniva collocato nell'ambito della Linea lombarda individuata da Anceschi, si incontra qui con «un'osservazione critica del mondo contemporaneo» e «una sempre più profonda sensazione di estraneità e di disagio»[18]. Prevalgono la disillusione e un senso di impotenza rispetto alla realtà delle cose vissuta sempre più attraverso la memoria e la nostalgia che non con partecipazione. Il senso di una forte disgregazione non può che segnare i versi qui citati.

16. Ivi, p. 405.

17. N. Risi, *Italia*, in Id., *Le risonanze*, in *Poeti italiani del secondo Novecento. 1945-1995*, a cura di M. Cucchi e S. Giovanardi, Mondadori, Milano 1996, vv. 12-16, pp. 204-205.

18. M. Cucchi, *Nelo Risi*, in *Poeti italiani del secondo Novecento 1945-1995*, cit., pp. 187-188.

Anche Volponi, in una delle sue ultime poesie, *O di gente italiana*, racconta l'Italia malata degli anni Novanta, un tempo prostituta, ora travestito rabbioso. Come sottolinea Luperini, con i versi di Volponi si interrompe una tradizione secolare. Non solo è venuto meno il nesso letteratura-identità nazionale-storia, ma la letteratura e la cultura umanistica hanno perduto il loro posto nella formazione dei ceti dirigenti. Paolo Volponi nel 1993, nel pieno della fase storica segnata da Tangentopoli rappresenta la parabola dell'Italia che da «povera puttana / chiusa nella sua sottana» è divenuta un «incanaglito / furente travestito / al margine, senza terra, sui raccordi, / che guata l'ombra infetta / dei nuovi quartieri»[19].

Appare chiaro che gli anni Settanta, sia per i poeti già maturi in quegli anni come quelli citati fin qui, sia per quelli che hanno in questa fase il loro esordio, rappresentano un momento di grande svolta o affermazione, in cui si stemperano le precedenti contrapposizioni e, come scrive Niva Lorenzini, si verfica «un velocizzarsi delle categorie spazio-temporali, nel proliferare delle interferenze», «mentre si configurano nuove identità e bisogni collettivi»[20].

Se per gli anni Settanta – decennio che si apre con raccolte fondamentali per la poesia come *Satura* di Montale e *Viaggio d'inverno* di Bertolucci – si è parlato di "deriva" e di panorama non ben definito – esemplare a questo proposito l'*Introduzione* di Berardinelli alla storica antologia *Il pubblico della poesia* curata nel 1975 dallo stesso Berardinelli e da Franco Cordelli – appare oggi necessario ridefinire questo importante momento di svolta seguito alle "rivoluzioni" del '68 e rico-

19. P. Volponi, *O di gente italiana*, in Id., *Poesie 1946-1994*, a cura di E. Zinato, Einaudi, Torino 2001, p. 418.

20. N. Lorenzini, *La poesia italiana del Novecento*, Il Mulino, Bologna 1999, p. 159.

noscerne, una volta per tutte, l'impatto incisivo nella storia della poesia italiana novecentesca. Giovanardi si riferisce alla generazione post-Sessantotto parlando di «disseminazione di tendenze e di orizzonti che sembra incidersi in profondità nel patrimonio genetico della sua produzione»[21]. Ma più che di disseminazione, si dovrebbe parlare di complessità, di pluri-identità e di una profonda trasformazione dei concetti di intellettuale e di poesia; o comunque di una disseminazione semmai riferita principalmente al trattamento della voce poetica nel testo che oscilla tra la disgregazione dell'istanza soggettiva e il prevalere di un soggetto egemone.

Sempre di "disseminazione" si potrebbe parlare anche per l'incidenza del tema identitario che non può essere collocato in un percorso lineare ma che, apparentemente connotato esclusivamente dalla varietà e dalla diversità, si presta ad una lettura sistemica che testimonia innanzitutto la sua persistenza e, in seconda istanza, tramite una declinazione di tipo politico-allegorico, il suo alto valore semantico quale chiave di lettura fortemente attuale. Dunque, se di disseminazione si può parlare, questo si deve alla mancanza di un canone condiviso, alla estrema complessità del panorama storico-letterario e infine al fatto che non esistono ad oggi studi tematici che coniughino storia e letteratura, politica e poesia. Un approccio pluri-metodologico, insieme ad un coerente disegno d'insieme, si pone, infatti, come l'unico in grado di dominare l'apparente caos di esperienze poetiche che dagli anni Settanta in poi affollano la scena.

21. S. Giovanardi, *Introduzione*, in *Poeti italiani del secondo Novecento 1945-1995*, cit., p. XLVII.

Certo è che ripercorrendo la storia delle antologie poetiche[22] di questi anni sarebbe possibile disegnare una mappa illuminante delle tendenze e dei nodi problematici che ancora oggi non permettono di riconoscere un canone poetico univoco. Basti ricordare quella di Gianfranco Contini, *Letteratura dell'Italia unita 1861-1968*, che avrà numerose edizioni successive e sarà a lungo un testo di riferimento. Sorprende proprio per questo leggere nell'*Avvertenza* che dà avvio al volume: «Si avverta comunque che la formazione dell'unità statale non è qui presa, nonché per la storia letteraria e culturale, ma neppure per la storia civile e politica, né come un inizio assoluto né come una soluzione di continuità: quello dell'Italia unita è a tutti gli effetti solo un capitolo, non forse dei più fulgidi, ma nemmeno da sottovalutare, nella storia della società italiana»[23]. Sembra singolare certo la riduzione dell'unità a un capitolo "non forse dei più fulgidi", anche se l'intera *Avvertenza* è connotata da un tono polemico che non può sfuggire al lettore.

Senza voler qui tracciare un quadro esaustivo, un breve accenno meritano le maggiori antologie che dagli anni Settanta in poi, hanno offerto ognuna un'interpretazione e un canone diversi, soprattutto per la parte che maggiormente si avvicina al presente. Il 1969 è l'anno di *Poesia del Novecento* di Sanguineti, dove si trova un'idea di canone letterario novecentesco (importanti l'avvio con il titolo *Fin de siècle* che comprende Pascoli e d'Annunzio, la centralità della categoria del verso libero con la presenza di Lucini subito dopo Pascoli e d'Annunzio e la chiusura del volume con l'esperienza della *Nuova avanguardia*

22. Cfr. A. Asor Rosa, *Sulle antologie poetiche del Novecento italiano*, in Id., *Letteratura italiana. La storia, i classici, l'identità nazionale*, cit., pp. 162-177; *Antologie e poesia del Novecento italiano,* a cura di G. Quiriconi, Bulzoni, Roma 2011.

23. G. Contini, *Avvertenza*, in Id., *Letteratura dell'Italia unita 1861-1968*, Sansoni, Firenze 1968, p. V.

nella quale, come è noto, lo stesso curatore, poeta e critico militante, era profondamente coinvolto) alla quale da lì a pochi anni si contrapporrà quella espressa da Mengaldo nella sua antologia, *Poeti italiani del Novecento*, uscita nel 1978. Se Sanguineti organizza i testi in funzione di una mèta finale, coincidente idealmente con la selezione fornita da un'altra antologia, *i Novissimi*, Mengaldo riconosce molti centri e non mira ad una ideale conclusione. Nel 1975 l'antologia curata da Berardinelli e Cordelli, *Il pubblico della poesia*, ha il merito di "fare il punto" sulla nuova generazione di poeti che in quegli anni sono comparsi sulla scena della poesia italiana e, due anni, dopo nel 1977 *Donne in poesia* curata da Biancamaria Frabotta quello di redigere una prima bozza di un canone della poesia del secondo Novecento declinato al femminile. E, certo, occorre citare almeno *Poeti degli anni Settanta* (1979) curata da Antonio Porta per giungere sino a *Poeti italiani del secondo Novecento* (1996) a cura di Stefano Giovanardi e Maurizio Cucchi e, in tempi ancora più recenti, pubblicate nel 2005, *Dopo la lirica*, a cura di Enrico Testa e *Parola plurale*, a cura di Giancarlo Alfano, Cecilia Bello Minciacchi, Andrea Cortellessa, Massimiliano Manganelli, Raffaella Scarpa, Fabio Zinelli, Paolo Zublena che accoglie ben sessantaquattro poeti e questo suggerisce già di per sé l'idea che della poesia contemporanea italiana si intende proporre.

Non può essere escluso da questo veloce *excursus* un volume pubblicato nel 1998 da Alfonso Berardinelli: si tratta di un "dossier letterario" relativo agli anni che vanno dal 1945 al 1998 intitolato *Autoritratto italiano*[24]. Dopo un'introduzione dall'emblematico titolo *Naturalmente senza patria*, con testi di

24. A. Berardinelli, *Autoritratto italiano. Un dossier italiano 1945-1998,* Donzelli, Roma 1998.

natura eterogenea si ricostruisce un percorso antologico tramite le «immagini letterarie della società italiana d'oggi». L'*incipit* del volume già indica molto chiaramente su quale visione poggia l'opera:

> Mi sono accorto tardi di essere italiano. E avevo più di trent'anni quando ho capito che questo era un problema. Più o meno fino alla metà del decennio Settanta mi era sembrato di vivere naturalmente in una dimensione internazionale. Avevo l'impressione che nessuna idea, nessun mito davvero importanti fossero nati in Italia, che nessun conflitto o problema dovesse essere risolto anzitutto in Italia dagli italiani. [...]
> L'Italia era una cosa «superata». Non si poteva vivere di cose italiane, in una dimensione mentale solo o tipicamente italiana. Il Partito comunista e la Democrazia cristiana non sembravano avere esistenza e sostanza propria: rappresentavano in Italia delle realtà superiori, maggiori, appunto gli Stati Uniti e l'Unione Sovietica. Non solo il presente ma soprattutto il futuro sarebbe stato determinato dalla scelta fra l'uno o l'altro modello di vita. L'Italia, crescendo, sarebbe cioè diventata sempre più americana, oppure (ipotesi più improbabile) improvvisamente russa. [...]
> Fu solo nel lungo dopo-Sessantotto che nacque di nuovo la consapevolezza di un «caso italiano». Qualcosa non andava[25].

Se si considera, alla luce di questo panorama composito, la produzione poetica degli autori che negli anni Settanta esordiscono, è possibile, secondo lo schema di riferimento tracciato da Giovanardi nella sua *Introduzione* a *Poeti italiani del secondo Novecento 1945-1995* (1996) che individua un polo monostilistico – Dario Bellezza, Patrizia Cavalli, Giuseppe Conte e la corrente neo-orfica; Zeichen, Scalise e Magrelli caratterizzati dall'adozione di una matrice saggistico-argomentativa, ai quali è necessario aggiungere Elio Pecora – da contrapporsi

25. Ivi, pp. 9-10.

ad uno più fortemente plurilinguistico – Cucchi, Viviani, Frabotta, D'Elia, Santagostini e Ruffilli, Valduga e Lamarque, ai quali è da aggiungere Insana – votato all'esperimento e alla commistione tra stili e linguaggi, individuare alcune costanti tematiche.

In *Morte segreta* (1976), raccolta che segue l'opera d'esordio *Invettive e licenze* (1971), Dario Bellezza, definito da Pasolini "il miglior poeta della nuova generazione", coniuga la riflessione intorno al corpo segnata da un'inevitabile scissione, come tiene a sottolineare Roberto Deidier nell'*Introduzione* al volume che raccoglie tutte le poesie, con una utopia sociale in nome della quale il soggetto poetico faticosamente si confronta e si scontra con la realtà contemporanea:

> Ora lo sento il tempo distante da me che vivo
> fuori del tempo e nessuno mi ha in simpatia,
> neppure quando grido che in Italia si può
> essere, o ironia di una citazione!, solo
> ideologici o arcadici. Sempre al servizio
> di qualche re buffone, arlecchino dalle cento
> piaghe[26].

«Non c'è speranza, qui in questa Italia / provinciale ad una vita da poeta, cioè / in una vera società dove il teatro sia / teatro quotidiano di eventi tutti / scombinati dalla clessidra dei sentimenti»[27], scrive Bellezza ancora in *Morte segreta*: l'Italia è raffigurata come provinciale e mediocre (in un altro testo della stessa raccolta si fa riferimento alla «mediocrità dell'italico

---

26. D. Bellezza, *Amleto*, in Id., *Morte segreta*, in Id., *Tutte le poesie*, a cura di R. Deidier, Mondadori, Milano 2015, vv. 13-19, p. 154.

27. D. Bellezza, *Ecco i tranquilli giorni, le muse inquiete*, in Id., *Morte segreta*, in Id., *Tutte le poesie*, cit., vv. 19-23, p. 202.

popolo»[28]) con toni polemici e scatti di fierezza che ricordano il Pasolini de *Le ceneri di Gramsci*. E le parole che accompagnano la prima edizione del volume (il risvolto di copertina dell’edizione Garzanti anche se anonimo è probabilmente da attribuire all’autore[29]) non fanno che confermare questo rancore nei confronti della società contemporanea: «L’autore vorrebbe che questo libro fosse letto dai giovani, dai ragazzi; che essi cioè facessero giustizia da sé di un “*corpus*” poetico a loro consacrato. Esso, rozzo, raffinato, vuole non identificarsi con i valori della società costituita, disprezzata quel tanto che ha permesso un margine di libertà all’autore di sentirsi poi ancora capace di scrivere poesie. [...] Nessuno sa come andrà a finire tanto sfacelo e tanta disperazione. E questa morte dunque è solo un pretesto per chi assalito dai mostri del Potere, si è ribellato, ha dato scandalo e strazio di sé, ha ucciso come San Giorgio il drago, e si è infine ammalato, è morto. Ma ogni morte è una rinascita»[30].

Come un filo d’Arianna teso oltre la confusione, è possibile seguire il dipanarsi della tematica in molti dei poeti sopra citati, in momenti diversi che, in molti casi, si avvicinano al presente, testimoniando l’evolversi di un quadro d’insieme complesso, per cui se è vero che le tendenze e le linee si moltiplicano ad indicare un secondo Novecento estremamente composito e “plurale”, è altrettanto certo che i tempi sono maturi per indagini che possano costituire un bilancio e insieme un nuovo canone del secolo comprese le esperienze dell’ultimo trentennio e degli anni che più si avvicinano al presente.

---

28. D. Bellezza, *«Non è colore, o luce, riverbero o ombra*, in Id., *Morte segreta*, in Id., *Tutte le poesie*, cit., v. 22, p. 164.
29. Si vedano *Notizie sui testi*, in D. Bellezza, *Tutte le poesie*, cit., p. 714.
30. *Ibid.*

Così Patrizia Cavalli, che ha il suo esordio negli anni Settanta con la raccolta *Le mie poesie non cambieranno il mondo*, pubblica nel 2013 *Datura*, opera che sviluppa e porta a maturità una poetica aspra e "petrosa", come l'ha definita Giorgio Agamben[31], dai toni intensamente "etici" e politici, connotata dalla ripresa dell'invettiva e dell'epigramma e da una certa *brevitas* ad indicare una tradizione che da Catullo a Marziale giunge sino a Penna[32]. Del volume fa parte *La patria*, ampia poesia pubblicata per la prima volta nel febbraio 2010 insieme a *L'angelo labiale*:

> Ostile e spersa,
> stranita dalle offese dei cortili,
> dalle risorse inesauste dei rumori
> per varietà di timbri e gradazioni,
> braccata dalle puzze che sinistre
> si alzano sempre non si sa mai da dove;
> tentata senza esito di uccidere
> i gabbiani che hanno occupato l'aria
> e le terrazze con urla litigiose
> - aerei condomini davvero troppo umani;
> sbattuta in poche ore da un normanno
> novembre a un greco agosto, sempre più
> dubitando, eccomi qui obbligata
> a pensare alla patria. Che se io l'avessi
> non dovrei più pensarci, sarei nell'agio pigro
> e un po' distratto di chi si muove
> nella propria casa, sicuro anche al buio
> di scansare, tanto gli è familiare,
> ogni più scabro spigolo di muro.
>
> E dunque penso che la patria, certo,

31. Si veda G. Agamben, quarta di copertina in P. Cavalli, *Datura,* Einaudi, Torino 2013.

32. G. Alfano, *Patrizia Cavalli*, in *Parola plurale. Sessantaquattro poeti italiani fra due secoli*, a cura di G. Alfano, A. Baldacci, C. Bello Minciacchi, A. Cortellessa, M. Manganelli, R. Scarpa, F. Zinelli e P. Zublena, Luca Sossella, Roma 2005, p. 159.

sarebbe un gran vantaggio poterla almeno immaginare
quale figura umana, tutta intera,
dai tratti femminili, dato il nome,
fornita di carattere e accessori
come era in uso tra i miei predecessori.
Fosse così saprei che cosa fare[33].

Madre, vedova, donna giovane ma austera, scostumata smaniosa di donarsi a chi la paga, una pazza che ormai dorme per strada, un'ubriacona, angelo con lo sguardo rivolto chissà dove: sono indicati tutti gli stereotipi che hanno accompagnato la rappresentazione della patria nella nostra tradizione. Una declinazione "al femminile" che appare logora e soprattutto oggi priva di forma e contenuti. Il senso della patria è da cercare altrove, magari lontano dalla patria geografica, magari in viaggio oppure in una donna che «pulisce i broccoli al mercato»; è un'appartenenza – scrive Cavalli – qualcosa da cogliere con tutti e cinque i sensi, "elementare, semplice, già data". *La patria* si chiude, dunque, con un senso di nuova fiducia e di passione civile oggi senza dubbio difficili da incontrare, soprattutto in poesia.

Nella produzione di un altro poeta "nato" negli anni Settanta – *Area di rigore* il titolo della sua prima raccolta (1974) – Valentino Zeichen, si incontra un singolare connubio tra volontà di racconto e denuncia sociale. Esemplare di tale percorso è già il poemetto presente nella raccolta più conosciuta del poeta, *Gibilterra* (1991), intitolato *Apocalisse per acqua*, «appassionata manifestazione», come scrive Giulio Ferroni[34], di una nuova tensione civile che troverà ampio spazio nella pro-

33. P. Cavalli, *La patria*, in Ead., *Datura*, cit., vv. 1-27, p. 17.

34. G. Ferroni, *Introduzione*, in V. Zeichen, *Poesie 1963-2014*, introduzione di G. Ferroni, Mondadori, Milano 2014, p. XV.

duzione a venire; ma è nell'opera successiva *Casa di rieducazione* del 2011 che sarà centrato il tema, nella poesia intitolata *Italia / Italia soprattutto*:

> Gira, gira la ruota della storia
> irraggiata dalle nazioni
> e noi raggio di gloria
> fissato al mozzo del sole.
>
> Italia, Italia soprattutto
> nel nucleo del tuo nome
> fondiamo i nostri cuori
> e diveniamo tuoi servitori.
>
> Italia, cara Italia
> non con retoriche armi
> ma con belle arti
> il mondo dobbiamo conquistar.
>
> In piedi, in piedi fratelli
> sfilano gli avi ingegni
> e noi vogliamo esser loro degni
> per poterli rimpiazzar[35].

L'andamento narrativo, la vocazione antilirica e una sottile ironia e autoironia sempre presenti fanno di questi versi un esperimento originale, soprattutto quando si tratta di affrontare grandi temi[36], dalla Seconda guerra mondiale al tema del corpo e dell'identità al legame forte con Roma che diventa spesso metafora di un'appartenenza "per adozione" ancora più forte e declamata di quella rispetto all'Italia.

In *Notte privata* (1993) di D'Elia, come afferma Baldacci, si intensifica la cupezza dell'atmosfera con riferimenti continui

---

35. V. Zeichen, *Italia / Italia soprattutto*, in Id., *Casa di rieducazione*, Mondadori, Milano 2011, p. 120; ora in Id., *Poesie 1963-2014*, cit.

36. Si veda G. Ferroni, *Introduzione*, in V. Zeichen, *Poesie 1963-2014*, cit.

alla «realtà politico sociale dell'Italia rampante e proto-berlusconiana»[37], per cui ogni volta il "fuoco civile" si smorza scontrandosi con la crudezza della realtà: «O questa nuova gente / in ascesa da oscuri / poteri innominati, spuri / dello spreco affluente»[38]. Anche in raccolte successive quali *Congedo della vecchia Olivetti* (1996), *Sulla riva dell'epoca* (2000) fino a *Bassa stagione* (2003) e *Fiori del mare* (2015), la poetica di D'Elia si evolve dal modello pasoliniano – di certo ancora molto presente – a quelli di Saba e di Leopardi, da una poesia civile di denuncia ad una poetica della maturità che fa della tradizione la risposta alle storture del presente. L'idea di patria che si legge nei versi di D'Elia si ricollega proprio all'Italia letteraria alla base della nostra tradizione. Si torna cioè ad un concetto-chiave dell'identità culturale italiana: si è italiani grazie ad un patrimonio innanzitutto linguistico-letterario che fonda l'identità individuale e collettiva del paese, comprese le varietà, diversità, le eterogenee realtà che animano le composite geografie regionali e locali italiane.

Ciò avviene anche nell'esperienza poetica di Patrizia Valduga nella quale trovano una mirabile sintesi revisionismo metrico, forte teatralità e corporalità della lingua e passione civile. In *Donna di dolori* (1991), a partire da una citazione dantesca, si legge: «Ahi serva Italia in mano ai socialisti, / a quel gobbo********* e menagramo, / lo vedi ora che cosa diventiamo?»[39]. Il famoso verso dantesco (Purg. VI, 76) diventa la scintilla per una accorata requisitoria che costituisce un'ulteriore citazione rispetto ad una raccolta precedente della poetessa

37. A. Baldacci, *Gianni D'Elia*, in *Parola plurale. Sessantaquattro poeti italiani fra due secoli*, cit., p. 259.

38. G. d'Elia, *Per una ballata italiana*, in Id., *Notte privata*, in *Parola plurale. Sessantaquattro poeti italiani fra due secoli*, cit., vv. 9-12, pp. 266.

39. P. Valduga, *Donna di dolori*, in Ead., *Prima antologia,* Einaudi, Torino 1998, p. 25.

Corsia degli incurabili (1996): «Ahi! serva Italia ancora coi fascisti, / e con quell'imbroglione da operetta, / ladruncolo lacchè dei tangentisti! // Le tivù ci hanno fatto l'incantesimo… / Se non scarica il cielo una saetta, / tutti servi dal secolo ventesimo!»[40]. Tra forte intertestualità e citazionismo, Valduga si scaglia contro il linguaggio dei mass media, tramite una serie di contrappunti testuali che rinviano a Dante, d'Annunzio, Pascoli, e non solo; l'idea della tradizione che emerge è estremamente ricca ed eterogenea e fonda profondamente la poetica stessa dell'autrice: «Sono la più grande ladra che esiste oggi in Italia e forse nel mondo. Daniello Bartoli parla di ladroneccio, ma dice che bisogna rubare con avvedimento e riverenza. Rubare, non copiare. A copiare bastano i mediocri»[41].

Molto diversa l'esperienza poetica di Biancamaria Frabotta che nel poemetto *Le sorgenti del Volga* – parte della raccolta del 2003 *La pianta del pane* – tramite un viaggio che si rivela alla ricerca di origini individuali e collettive, fino alle sorgenti del maggiore fiume d'Europa, nel cuore della Russia, definisce gli Italiani rispetto ai tedeschi: «Ma nel bosco era facile riconoscervi, gentili Italiani / che non amate la guerra»[42]. E nella sua più recente raccolta, *Da mani mortali* (2012), si trovano ancor più approfonditi temi e motivi già incontrati, tra cui gli «equivoci e la violenza della nostra storia contemporanea», una "morale indignazione", «secondo una linea di poesia

---

40. P. Valduga, *Corsia degli incurabili*, in Ead., *Prima antologia*, Einaudi, Torino 1998, p. 74. Si vedano anche i versi a p. 66: «Noi andavamo per lo solingo piano… / Italiani, imparate l'italiano!». Cfr. R. De Rooy, *Patrizia Valduga. Il conforto della letteratura del passato*, in S. Gola e L. Rorato (a cura di), *La forma del passato. Questioni di identità in opere letterarie e cinematografiche italiane a partire dagli ultimi anni Ottanta*, Peter Lang, Brussels 2007, pp. 165-171.

41. P. Valduga in G. Tesio, *Patrizia Valduga l'allegro dolore*, «Tuttolibri», 852, 1993, p. 3.

42. B. Frabotta, *Le sorgenti del Volga*, in Ead., *La pianta del pane*, Mondadori, Milano 2003, parte IV, vv. 3-4, p. 100.

civile che è un altro dei caratteri forti della sua opera»[43]. In *Quando arrivo* si trova un'appassionata invocazione all'amato e studiato Caproni e alla sua Genova: «quando arrivo, trafitta / capitale delle rovine d'Italia / pupilla che grigiamente sbianca / pur di non somigliare a sé stessa / risanata Genova che mi fai male / e piegata mi colpisci al petto»[44].

D'altro canto, tale linea civile è ben individuabile nella poesia italiana contemporanea nata negli anni Settanta; anche nella produzione di Jolanda Insana è possibile individuare una forte passione civile che trova spazio soprattutto a partire dai versi de *La stortura* (2002) fino a quelli più recenti de *La tagliola del disamore* (2005) e *Turbativa d'incanto* (2012):

questa è terra di addii senza angeli
e la vita s'inzacchera e straccia
in mezzo ai rovi ma la mano che non formicola
vuole scriverne il nome
su tutti i muri
per marcare il territorio
come fanno i gatti con il piscio[45].

Non sorprende che anche Giovanni Raboni, il quale in più occasioni ebbe ad affermare che per un intellettuale non solo è importante ma doveroso esprimere il proprio pensiero politico – ebbe peraltro il merito di scoprire e appoggiare Jolanda

---

43. Si veda la quarta di copertina in B. FRABOTTA, *Da mani mortali*, Mondadori, Milano 2012.

44. B. FRABOTTA, *Quando arrivo*, in Ead., *Da mani mortali,* cit., vv- 40-45, p. 111. Si veda anche *"È morto ieri" mi ha risposto*, ivi, vv. 32-37, p. 120: «Sprofondati sui divani della patria / da cui tu, straniero, ci hai esiliato / sconfiniamo verso il nuovo anno / immersi nella tua storia senza storia /nella tua mente brillante e polverosa. / Ciascuno si crede il primo sulla scena del mondo».

45. J. INSANA, *questa è terra di addii senza angeli*, in Ead., *La tagliola del disamore*, in Ead., *Tutte le poesie (1977-2006)*, Garzanti, Milano 2007, vv. 1-8, p. 439. In corsivo nel volume. Cfr. G. FERRARO, *In ingiuriosa attesa. Sciarre, oltraggi e corpo a corpo nella poesia di jolanda Insana*, «Oblio», III, 11, settembre 2013, pp. 39-52.

Insana fin dal suo esordio – nell'ultimo libro, *Barlumi di storia* (2002), affronta il difficile ritratto della realtà italiana di oggi, con rara severità e senso morale, rievocando in una poesia tra le più conosciute le figure esemplari di Pasolini e Volponi, ultimi rappresentanti di una generazione di intellettuali che dell'impegno aveva fatto la propria vocazione e il maggior segno distintivo:

> Ricordo troppe cose dell'Italia.
> Ricordo Pasolini
> quando parlava di quant'era bella
> ai tempi del fascismo.
> [...]
> Ma ricordo anche lo sgomento,
> l'amarezza, il disgusto
> nella voce di Paolo Volponi
> appena si seppero i risultati
> delle elezioni del '94.
> [...]
> Di Paolo sono stato molto amico,
> di Pasolini molto meno,
> ma il punto non è questo. Il punto
> è che è tanto più facile
> immaginare d'essere felici
> all'ombra d'un potere ripugnante
> che pensare di doverci morire[46].

Non a caso, Andrea Zanzotto sin dal 1993 teneva a sottolineare come in Raboni i temi della realtà attuale si facessero soffocanti e il discorso si caricasse ogni volta della responsabilità «di tante delusioni politiche, in un clima da *Ortis*»[47]; non si tratta solo di poesia civile, ma di una linea trasversale,

46. G. Raboni, *Ricordo troppe cose dell'Italia* in Id., *Barlumi di storia*, Mondadori, Milano 2002, pp. 62-63.

47. A. Zanzotto, «Corriere della sera», 13 novembre 1993, poi in G. Raboni, *Tutte le poesie (1951-1993)*, Garzanti, Milano 1997, p. 362.

estremamente ricca di diramazioni, che si fa strada nel secondo Novecento conquistando un rilievo e un peso fortissimi proprio in risposta alla crescente complessità dei rapporti tra parola politica e parola poetica, tra realtà e letteratura.

E non c'è dubbio che possa essere letta sotto questa luce anche la produzione di Fabio Pusterla, da *Concessione all'inverno* del 1985 a *Corpo stellare* del 2010. Traduttore di Jacottet, per metà svizzero e metà italiano, Pusterla elabora una poetica rigorosa che ha la crisi politico-sociale dell'Italia tra i principali temi affrontati, come in *Le parentesi*:

> L'erosione
> cancellerà le Alpi, prima scavando valli,
> poi ripidi burroni, vuoti insanabili
> che preludono al crollo. Lo scricchiolio
> sarà il segnale di fuga: questo il verdetto.
> Rimarranno le pozze, i montaruzzi casuali,
> le pause di riposo, i sassi rotolanti,
> le caverne e le piane paludose.
> Nel mondo Nuovo rimarranno, cadute
> principali e alberi sintattici, sperse
> certezze e affermazioni,
> le parentesi, gli incisi e le interiezioni:
> le palafitte del domani[48].

L'Italia viene apostrofata con amara ironia in *Settembre 2003, nuovo anno zero*, «O Italia *renovada in di to vacch!*»: qui l'inserto gergale milanese è una citazione dalla *Canzone dell'Olga* di Delio Tessa, che visibilmente stride con l'interiezione iniziale. Dalla critica dei miti consumistici e delle abitudini della società contemporanea si passa ad un fitto citazionismo che crea una tela di riferimenti tra cui senz'altro spiccano Sereni

48. F. Pusterla, *Le parentesi*, in Id., *Le terre emerse – Poesie scelte 1985-2008*, Einaudi, Torino 2009, p. 5, già in Id., *Concessione all'inverno*, Casagrande, Bellinzona 1985.

e il Montale di *Satura*. Il tema della denuncia sociale e politica diventa ancora più centrale in *Lettere da Babel*, dove tristemente viene decretata la fine dello *European dream*, un modello di Europa unita non più credibile oggi. In tempi più recenti, in *Corpo stellare* (2010) compare nuovamente il tema in *Aprile 2006. Cartoline d'Italia*, poemetto nato all'indomani delle elezioni, sullo sfondo di un clima politico ormai completamente guasto e degenerato. La conclusione è amara e nega l'esistenza di qualsiasi unità: «Lui è lui, io forse io, nessuno è noi».

Sembrerebbe paradossale, ma ad una estrema negatività fa da contraltare – e nei versi citati emerge a pieno – uno slancio e un desiderio d'appartenenza nuovi che, sebbene segnati dall'amarezza e dall'ironia, tendono alla ricostituzione di una comunità di intenti, progetti e discorsi che mira a fondare quell'Italia letteraria nata sulla pagina che ancora stenta a farsi Paese.

Indice dei nomi

Testi e studi di letteratura italiana

1. *La grande illusione: opinione pubblica e mass media al tempo della guerra in Libia*, a cura di I. Nardi e S. Gentili.
2. *«La Voce» 1908-2008*, a cura di S. Gentili
3. M. Tortora, *Letteratura e politiche culturali*
4. *Carlo Michelstaedter. Un intellettuale di confine*, a cura di S. Gentili e M. Pistelli
5. *Luigi Baldacci. Un grande critico del Novecento*, a cura di G. Falaschi
6. G. Civinini, *Corrispondenze dalla Libia per il «Corriere della Sera» (1911-1912)*, a cura di S. Gentili e M. Idolatri
7. *Fuori campo. Letteratura e giornalismo nell'Italia coloniale. 1920-1940*, a cura di M. Venturini
8. *«Non sto quindi a Napoli sicura di casa». Identità, spazio e testualità in Fabrizia Ramondino*, a cura di A. Giorgio
9. *«La punta di diamante di tutta la sua opera». Sulla novellistica di Federigo Tozzi*, a cura di M. Tortora
10. *L'epistolario Cardarelli – Bacchelli (1910-1925). L'archivio privato di un'amicizia poetica*, a cura di S. Morgani
11. M. Venturini, *L'unità discontinua. Poesia e identità nazionale nel Novecento*